指導要録の
あゆみと
教育評価

高浦勝義著

黎明書房

はしがき

　本書は、前著『絶対評価とルーブリックの理論と実際』に次ぐ教育評価に関する書である。前著の後、"指導要録"に関して本を著したいと考えていた。というのも、わが国の学校・教師は評価に絶えずかかわっていながら、評価について本格的に検討する機会は少ないのではないか、と思っていたからである。また、理論界についていうと、わが国には学習指導要領があり、このため特に内容までは問題にされることもなかったし、また、評価のことまで手をまわす必要はない、と考えられてきたように思われる。こういう状況の中で、筆者は、第二次世界大戦直後から新たに改訂された平成22年の指導要録までのあゆみと、陰に陽に学校・教師に影響を与えたと思われる教育評価の問題を扱いたいと考えていた。

　今少し敷衍すると、わが国で教育評価というと、すぐに思い浮かべられるのが「通信簿」（別には通知票、通知表、あゆみ等と呼称）であろう。しかし、この通信簿の内容やフォームが「指導要録」をコピーしたようなものだということを知る人は意外と少ない。元来、指導要録とは年に一回、その記録が義務づけられている評価の法定原簿である。

　ところがこの指導要録について、より古いものをみる必要もなければ機会もない。また、古いものの本体なり写しにお目にかかれることも稀である。このため、せめて第二次世界大戦直後からを視野に入れたわが国の指導要録のあゆみを残しておきたいと考えるようになったのである。

　今ひとつは、教育評価ということを"授業研究"等で探すと意外と少ないことが分かった。その理由として、教育評価という世界にそれ程分け入らなくてもよいのではないかという声があるように思われた。

　「授業研究」と銘打ったものをみると、第二次世界大戦後から今日までいろいろな角度から授業が取り上げられている。子どものことであったり、教

育内容・教材のことだったり，あるいは方法であったり等々である。しかし，"評価"を通過しなければその"善し－悪し"やそのように考える必然はでてこないように思われても，なお"評価"には縁遠かったのである。しかし，調べていくと，子どもの学習評価という形で評価は伝統的にあるし，また，教育評価は何も子どもの学習評価のみに限られたものではないという考えのあることも分かってきた。

こんなわけで，本書の執筆を思い立ったのであるが，以下その構成を述べながら，改めて教育評価の意義について考えてみたい。

第1章では「指導要録の改訂にみる評価の特質」と題し，第二次世界大戦直後から平成22年までの"指導要録"のあゆみの特質をその「趣旨」及び「記入の様式」から明らかにしようとした。なお，最初から順を追って読み進める方，あるいは順を追わず，途中から読む方など，いろいろなニーズに応じるよう，第1節～第9節を設けることとした。

続く第2章では「各教科の評価の観点とその異同」と題し，昭和55年の改訂以前と以後の各教科の評価の観点の違い，昭和55年からの内容分析的観点と平成3年から今日までの能力分析的観点との違い，そして平成22年に改訂された指導要録の問題点等を扱っている。

第3章は「評価の形態」と題し，まず，わが国で伝統的な相対評価や教育測定運動の導入と展開，絶対評価の考え方等について検討した。次に，絶対評価のためにはポートフォリオ評価法やルーブリックが不可欠であることを論じた。併せて「個人内評価や評価の形式」の問題（総括的評価，形成的評価など）を扱っている。

第4章は「『学力』研究と授業評価」と題し，また第5章は「教育課程の評価」と題し，主に理論的世界における教育評価の各論を扱っている。

すなわち，第4章では，まず，学習評価の研究として，第二次世界大戦直後からの基礎学力問題，教育到達度の問題，「生きる力」の育成やIEAやPISA等の最近の学力調査の問題を，次に指導の改善（指導と評価の一体化）を目指す授業評価の問題を扱うことにした。第5章では，わが国のカリ

キュラム評価をめぐる識者の見方，ステイク氏の「顔」モデル，PDSAサイクルとしてのカリキュラム評価等を扱っている。

　最後の第6章では「これからの評価に向けて」と題し，評価の三つの機能やそのための"問題解決評価"の必要，評価におけるルーブリックの不可決性，そして筆者らが進めている授業と評価の実際を紹介している。

　このような本書が，前著と同じく，多くの学校教師をはじめ，学校関係者ならびに教育研究者・学者の目に触れ，あるいは理論と実践の両面にわたって追試され，検討されることを心より期待している次第である。

　黎明書房の武馬久仁裕社長からは，前回と同様今回も，本書の企画から刊行にいたるまで数々の勇気づけや貴重な助言をいただくことができた。また，編集部の斎藤靖広さんには編集の過程で言葉で言い尽くせない程のお世話になった。ここに記して衷心より謝意を表する次第である。

　2010年9月

高 浦 勝 義

目　次

はしがき　1

第1章　指導要録の改訂にみる評価の特質 ……………9

第1節　終戦直後の日本の教育　9
第2節　学籍簿から指導要録へ　11
　　第1項　小学校学籍簿について　11
　　第2項　中学校・高等学校生徒指導要録について　14
　　第3項　「学籍簿」を改め，小学校も「指導要録」へ　15
第3節　昭和30年の指導要録の改訂　16
　　第1項　改訂の趣旨等　16
　　第2項　記入の様式　17
第4節　昭和36年の指導要録の改訂　20
　　第1項　改訂の趣旨等　20
　　第2項　記入の様式　20
第5節　昭和46年の指導要録の改訂　23
　　第1項　改訂の趣旨等　23
　　第2項　記入の様式　24
第6節　昭和55年の指導要録の改訂　27
　　第1項　改訂の趣旨等　27
　　第2項　記入の様式　28
第7節　平成3年の指導要録の改訂　31
　　第1項　改訂の趣旨等　31

第2項　記入の様式　33
　第8節　平成13年の指導要録の改訂　37
　　　第1項　改訂の趣旨等　37
　　　第2項　記入の様式　38
　第9節　平成22年の指導要録の改訂　40
　　　第1項　改訂の趣旨等　40
　　　第2項　記入の様式　41

第2章　各教科の評価の観点とその異同 …………………47

　第1節　各教科の「観点別学習状況」の導入　47
　　　第1項　昭和55年までの指導要録にみる各教科の観点　47
　　　第2項　昭和55年以降今日までの指導要録にみる「観点別学習状況」　49
　第2節　「観点別学習状況」欄の評価の観点の根拠　50
　　　第1項　昭和55年の指導要録にみる内容分析的観点　50
　　　第2項　平成3年の指導要録における能力分析的観点　51
　　　第3項　学ぶ力としての能力分析観点　53
　第3節　「生きる力」の育成と評価の4観点　55
　　　第1項　「生きる力」としての評価の4観点　55
　　　第2項　各教科における4観点の展開　57
　　　第3項　総合的な学習の時間における評価の観点　58
　第4節　平成22年の指導要録の改訂と評価の4観点　60
　　　第1項　新たな評価の4観点の提唱　60
　　　第2項　4観点とその根拠　63
　　　第3項　各教科における評価の4観点の展開　65
　　　第4項　外国語における評価の観点　69
　　　第5項　総合的な学習の時間における評価の観点　70

第3章　評価の形態 ……………………………………………… 74

第1節　相対評価の発生と展開　74
　第1項　「試験」制度の廃止　74
　第2項　教育測定運動の導入と展開　77
　第3項　相対評価からの転換　80

第2節　絶対評価の展開　82
　第1項　第二次世界大戦後の絶対評価の展開　82
　第2項　ポートフォリオ評価の活用　84

第3節　個人内評価　90
　第1項　個人内評価とは　90
　第2項　個人内評価の活用　90

第4節　評価の形式　91

第4章　「学力」研究と授業評価 ……………………………… 94

第1節　授業研究と授業評価　94

第2節　学習評価の研究　96
　第1項　第二次世界大戦後の諸調査による基礎学力の低下批判　96
　第2項　文部省の全国一斉学力調査　97
　第3項　到達度評価テストによる学力の形成　98
　第4項　「生きる力」の育成としての評価の4観点　101
　第5項　最近のPISA及びIEA等の学力調査　103

第3節　指導の改善（＝指導と評価の一体化）を目指す授業評価　106
　第1項　望ましい指導の在り方を目指した授業評価研究　106
　第2項　もどり道の研究としての授業評価研究　111

第4節　自己評価力の形成を目指す教育評価　115
　第1項　自己評価力の必要　115
　第2項　過程的教育評価活動としての授業研究　116

第3項　自己評価力を求める教育評価　117

第5章　教育課程の評価　119

第1節　第二次世界大戦後の教育課程政策と評価　119
　　第1項　教育課程とは　119
　　第2項　教育課程政策と評価　120
第2節　カリキュラム評価の登場と展開　122
　　第1項　砂沢喜代次氏のカリキュラム評価論　122
　　第2項　安彦忠彦氏のカリキュラム評価論　124
　　第3項　文部省のカリキュラム開発国際セミナーの開催　126
　　第4項　SBCDの登場と発展　129
第3節　カリキュラム評価のモデルとしてのステイクの「顔」モデル　134
　　第1項　ステイクの「顔」モデル　134
　　第2項　「顔」モデルの活用　137
第4節　PDSAサイクルとしてのカリキュラムの評価　138
　　第1項　教育課程評価の層　138
　　第2項　PDSAサイクル　139

第6章　これからの評価に向けて　143

第1節　評価の三つの機能　143
　　第1項　三つの機能　143
　　第2項　指導と評価の一体化に向けた評価　145
　　第3項　自己評価力の向上に向けた評価　147
　　第4項　保護者等外部の人々への説明責任に向けた評価　149
第2節　問題解決評価観の提唱　150
　　第1項　問題解決評価とは　150
　　第2項　テスト批判　152

第3項　「真正の」評価の登場　155
　第3節　ルーブリックの必要　157
　　　第1項　三つのレベルにおけるルーブリック　157
　　　第2項　形成的評価に向けて　158
　　　第3項　ルーブリック作成のフォーマット　159
　　　第4項　ルーブリックとしての3段階評価　161
　　　第5項　評価の客観性と妥当性　161
　第4節　実践事例の紹介　162
　　　第1項　指導計画のフォーマット　162
　　　第2項　指導と評価の一体化に向けた評価の工夫　172
　　　第3項　子どもの自己評価力の向上に向けた評価の工夫　177
　　　第4項　保護者等外部の人々の説明責任に向けた評価の工夫　182

第1章
指導要録の改訂にみる評価の特質

第1節　終戦直後の日本の教育

　第二次世界大戦後，わが国では，昭和22年3月20日に学習指導要領一般編（試案）が出され，また，今でいう指導要録，すなわち小学校学籍原簿が出されたのは昭和23年11月12日のことであった。この間，すなわちわが国がポツダム宣言を受諾し，終戦を迎えるまで，学校は何をしていたのであろうか。学習指導要領が出されたのは昭和22年3月のことであったが，それまで学校は何もせず，やがて開かれるのを待っていたのであろうか。子どもたちは，専ら家庭のみで過ごしていたのであろうか。

　どうも実情はそうではなく，教師も子どもも多忙のようであった。場所が変わりいわゆる疎開先での授業，あるいは戦禍をのがれた地域の学校等において，さかんに授業が行われていたようだからである。

　というのも，文部省は文部次官通牒として，「時局ノ変転ニ伴フ学校教育ニ関スル件」（昭和20年8月28日）を出し，この中で"学校の授業は平常の教科教授のように行う"ことや"生徒を帰省させる場合でも9月中旬からは授業開始"が謳われていた。さらに，「終戦ニ伴フ教科用図書取扱方ニ関スル件」（文部次官通牒，昭和20年9月20日）を出し，ここには「教科用図書は追って指示あるまで現行教科用図書を継続使用せよ。但し，以下に記すような部分は全部又は部分的に削除して使うこと」などが指示されていたからである（いわゆる"墨塗り教科書"の出現）。

　ちなみに，「省略削除又ハ取扱イ上注意スベキ教材ノ規準」として，（イ）〜（ホ）が示されていた。そして，削除の一例として，ヨミカタ二，よみかた四，初等科国語二，初等科国語四，初等科国語六，初等科国語八，高等科

国語二が示されていた。なお，最後には「全教科科目について追って指示する」としていた。なお，昭和21年1月25日には，文部省教科書局長より「国民学校後期使用図書中ノ削除修正箇所ノ件」が出され，前に出した規準の確認や修正表とともに，目下，昭和22年度より使用の教科用図書を編纂中であることが知らされたのである。

連合国総司令部（GHQ）も，教育は大事であると考えたのであろう。10月から12月にかけ，次に示すような教育に関する四大総司令部指令を早々と出したのである。一度にすべて四つが出されたのでもないし，また人やもの，思想，教科書等それこそ教育の全面にわたるものであったのである。

教育四大指令
(1)　日本教育制度ニ対スル管理政策（昭和20年10月22日）
(2)　教員及教育関係官ノ調査，除外，認可ニ関スル件（昭和20年10月30日）
(3)　国家神道，神社神道ニ対スル政府ノ保証，支援，保全，監督並ニ弘布ノ廃止ニ関スル件（昭和20年12月25日）
(4)　修身，日本歴史及ビ地理停止ニ関スル件（昭和20年12月31日）

さらに，連合国総司令部は，少し長い目でこれからの日本の教育をどうするかを考えるべく「第一次米国教育使節団」を招聘したりした。彼ら27名が来日し（昭和21年3月5，6日），そして総司令部に報告書を出したのは昭和21年3月31日のことであった。（なお，昭和25年8月27日には5名の第二次米国教育使節団が来日し，昭和25年9月22日に報告書を提出している。）

やがて連合国総司令部は「地理科再開について（昭和21年6月9日総司令部覚書）」，それから「日本歴史の授業再開ニツイテ（昭和21年10月12日総司令部覚書）」を相次いで出し，次第に教育体制は整えられていくことになったのである。

日本国憲法が出され（昭和21年11月3日公布，昭和22年5月3日施行），

第1章　指導要録の改訂にみる評価の特質

そして教育基本法及び学校教育法が公布・施行され（昭和22年3月31日，後に教育基本法は平成18年12月22日に，学校教育法は平成19年6月27日に改正），さらに学校教育法施行規則が制定されたのである（昭和22年5月23日，後に平成20年3月28日に改正）。

そして，「学習指導要領　一般編（試案）」が昭和22年3月20日に出され，これに沿う形で「小学校学籍簿について」が昭和23年11月12日に，文部省学校教育局長通達として出されたのであった。

第2節　学籍簿から指導要録へ

第1項　小学校学籍簿について

趣旨等

第二次世界大戦後の昭和22年7月25日に教科書局長・学校教育局長の連名で「学習指導要領の解釈及び適用について」が出され，この中の「8　学習結果の考査と記録について」において「学期末その他適当な機会に，学習結果の考査を整理するに当たり，従来のならわしのように，単に各教科ごとにいわゆる学科試験を行って，点数又は標語を与えたり，児童生徒に序列をつけたりするのは好ましくない。むしろ各児童生徒の発達や学習過程上の特徴をとらえ，それを客観的に記録し，その指導のための基礎資料とすることが望ましい」。「追って学籍簿の様式が定められる事になっているが，……」と述べていた。

それに沿って，昭和23年11月12日，「小学校学籍簿について」が文部省学校教育局長名により出された。この中で，「今般かねて研究中の小学校の学籍簿の案ができたので，これを送付する。……なお，『学籍簿』の名称について研究中である……」とし，後日，"学籍簿"といった名称が改められることが予告されたのである。

この「小学校学籍簿」の趣旨等に関して次の3点を記述している。すなわち，(1) この学籍簿は「指導上必要な原簿」として考えられるものであるこ

と。しかも，(2) その「記録事項は新しい教育の精神からみて，重要と思われるものに選定」したものであること，そして，(3) その様式に関しては，「できるだけ客観的に，しかも簡単に，かつ容易に記録されるように作られてある」である。

とりわけ1点目についていえば，戦前と同じ"学籍簿"という用語は早くなくしたい。できればその機能もということであろう。戦前の学籍簿には，生徒の学校戸籍と指導の参考資料という性格があったが（1938年に改正。それ以前は学校戸籍の機能のみであった），このうち，後者の性格を受け継いだわけである。しかも，その指導の何かに関しては，先の「8　学習結果の考査と記録について」やここにみられる第二の点から判断すると，単なる戦前のそれと同じものというわけにはいかない。また，様式は「客観的で，簡単かつ容易に記録されるもの」が求められたのであった。

記入の様式

様式をみると，そこに示されている項目は，「(一) 在籍状況」「(二) 出欠状況」「(三) 身体の記録」「(四) 標準検査の記録」「(五) 行動の記録」「(六) 学習の記録」「(七) 全体についての指導経過」「(八) 担任者職氏名」である。

以下，この中から「標準検査の記録」，「行動の記録」，「学習の記録」，「全体についての指導経過」について，その記入要領を紹介することにする。

「標準検査の記録」の記入要領

「(四) 標準検査の記録」では，1．知能検査（在学中，一学年の終わりか二学年のはじめ，第四学年，第六学年の3回），2．その他の検査（例えば学力検査，性格検査，体力検査等）とされた。

「行動の記録」の記入要領

「(五) 行動の記録」には，A・B・Cという三つの項目と所見が準備されていた。そして，Aの項目には次のような項目が準備され，それぞれに関して5段階相対評価をすることが求められていた。

それら「1．Aの項目」としては，次のようなものがあった。1 人と親しむ，2 人を尊敬する，3 ひろく人の立場をうけいれる，4 人と協力する，5

責任をおもんずる，6 仕事を熱心にする，7 持久力がある，8 計画・工夫する，9 自制心がある，10自分で判断する，11正義感がある，12正しく批判する，13安定感がある，14指導力を持っている，15態度が明るい，16礼儀が正しい，17きまりを理解して守る，18探究心がある，19美への関心を持つ，20衛生に注意する，21勤労をよろこぶ，22物を大事にする，23以上のほか，必要と思われるものがあった場合は，つけ加えて記入する，である。

　5段階相対評価の要領を示すと，次のようである。すなわち，上の項目に関し，「『民主的社会において望ましい行動』とされ，普通の程度を『0』，それよりすぐれた程度のものを『＋2』，それより劣る程度のものを『－2』とする。『＋1』『－1』はそれぞれ中間の程度を示す。一般に『0』が多数，『＋2』『－2』は極めて少数」というものであった。

　なお，「2.Bの項目」は，以下の三つ，すなわち，「どんなものに興味をもつか」「どんな特技をもつか」「とくに指導を要する行動は」の三つである。また，「3.Cの項目」には「学校内外の行動や経験のうち，指導上特に参考になることを具体的に記入する」とあり，「4.所見」には「行動全体について指導上の所見を記入する」とされていた。いずれも今日でいう個人内評価が求められていたのである。

「学習の記録」の記入要領

　「（六）学習の記録」では，「1．各教科の学習の状況について平素の考査に基づき分析的に評価記入する。各教科の項目は各教科の学習指導要領による。評価は行動の評価と同じく，5段階とする。自由研究については，題目，行動の内容等その事実を具体的に記入すること。2．学習指導上とくに必要と思われる事項：たとえば文科方面にかたよる，理科に優れている，IQに比して学習効果があがらないとか」を具体的に記入することが求められていた。

　ここで特徴的なことは「1」にあるように，先の「行動の記録」と同様，5段階相対評価がなされるようになっていたことである。すなわち，その要領は「普通の程度を『0』，それよりすぐれた程度のものを『＋2』，それより劣る程度のものを『－2』とする。『＋1』『－1』はそれぞれ中間の程度

を示す。一般に『0』が多数,『+2』『-2』は極めて少数」というものである。
　なお，ここのいう5段階相対評価のために，学校現場への講習会などでは正規分布曲線による5段階評価が盛んに講習されていた。ちなみに+・-2は各7％，+・-1は各24％，0は38％とされていた。

「全体についての指導経過」の記入要領

「（七）全体についての指導経過」では，「児童の身体知能情緒及び社会的性格の全体の指導経過を記入する」とされていたように，個人内評価が求められていた。

第2項　中学校・高等学校生徒指導要録について

趣旨等

　昭和24年8月25日には初等中等教育局長名で「中学校・高等学校生徒指導要録について」が出された。この中で，その要録の趣旨は「生徒指導の目的を達するために利用されるもの」とし，「生徒が上級学校や他の学校へ転学した際は，生徒を受け入れた学校が，その生徒を理解することが出来，よりよき指導を進めることが出来るように」学校長は先方の学校長あてに送付することが明記されている。

記入の様式

　このため，この生徒指導要録は「平常累加的に記録された個々の生徒についての資料や知識を解釈し，その要約を記録するもの」とされ，具体的な様式をみると，Ⅰ「学籍簿」たる「（一）生徒氏名，性別」「（二）生年月日」「（三）本籍地及び現住所」「（四）両親名あるいは保護者氏名および本人との関係，現住所」「（五）入学年月日」「（六）転退学又は卒業年月日」「（七）その他必要な事項（例えば，出欠状況，進学学校名，就職先，履修課程名，高等学校においては履修単位数等）」，Ⅱ「高等学校生徒の履修単位の記録」，Ⅲ「標準検査の記録」，Ⅳ「身体的発達の要約」，Ⅴ「困難およびその適応についての記録」，Ⅵ「職業的発達記録」，Ⅶ「学習成績の発達記録」，Ⅷ「個人的，社会的，公民的発達記録」が示された。

上記のうち，Ⅶの「学習成績の発達記録」及びⅧの「個人的，社会的，公民的発達記録」においては，いずれもその記録において5段階相対評価がされるようになっている。すなわち，いずれもその記入要領においては，「5＝秀，4＝優（平均より上位にあるもの），3＝良（大多数を含む），2＝可（平均より下位にある者），1＝不可」というものであった。呼称は異なるものの，「小学校学籍簿」と同様，5段階相対評価が採用されていたわけである。

なお，Ⅶは同時に「所見」欄も設けられ，ここには中学校では（1）おもな活動，（2）作業の習慣が，高等学校では生徒が選定した教科名が，それぞれ記入されることになっていた。

第3項 「学籍簿」を改め，小学校も「指導要録」へ

予告されていた通り，昭和24年9月12日，初等中等教育局長名により「学籍簿の名称並びにその取扱いについて」が出された。この中で小学校の「学籍簿」の名称が「児童指導要録」に改められることになった。これで，いうなれば小学校，中学校及び高等学校の児童・生徒「指導要録」と統一的な呼称となったわけである。名実共に，「指導要録」という新たな名称が誕生したのである。

また，同時に，その写しは（中・高校の生徒指導要録＝昭和24年8月25日，初等中等教育局長—筆者注とともに）「十ヵ年以上保存する」こととなり，この面も小学校，中学校及び高等学校で統一されるようになったのである。

なお，この期の指導要録には次のような問題点があったことが指摘されている。すなわち，「指導要録を指導のために活用するということは，一般的な傾向としては，昭和22年，24年ごろには期待されたようには，盛んにならなかった。実際にそれが利用されたのは，進学，就職の証明として，あるいは結婚の紹介用としてであり，その目的のためには指導上の必要から考案された指導要録の様式は煩瑣に過ぎるので，その簡素化が要望された。（また）

原本を進学先や転学先に送付し，母校にはその抄本を残すことは不都合だと感じられたり，あるいは保存期間が十か年では短かすぎないかという懸念があった」などである（澤田慶輔・青木孝頼編著『新指導要録の解説と評価・記入法』新光閣書店，昭和46年，pp. 16-17）。

第3節　昭和30年の指導要録の改訂

第1項　改訂の趣旨等

初等中等教育局長と大学学術局長の連名により，昭和30年9月13日に「小学校，中学校および高等学校の指導要録の改訂について（通達）」が通達された。この通達は，昭和30年4月に文部省が設けた指導要録研究協議会の答申に基づいたものであった。

この通達によれば，「改訂の趣旨」がつぎの3点に述べられている。「(1) 児童生徒の学籍ならびに指導の過程および結果の要約を記録し，指導および外部に対する証明等のために役立つよう簡明な原簿とした。(2) 中学校と高等学校の指導要録の様式を別々にした。(3) 小学校，中学校，高等学校の指導要録の間にできるだけ一貫性をもたせた」ことである。

趣旨(1)にあるような指導要録の性格は，今日私たちが慣れ親しんでいる表現であるが，このような今日的な規定が昭和30年の指導要録から成文化されたのである。つまりそれ以前の指導要録がどちらかといえば"指導の原簿"というかたちが強かったが，これが(1)のように"指導および外部に対する証明等"のための原簿とされるようになったのである。

また，「三．取扱いについて」において，従来「10ヵ年以上保存」とされていたのが，ここに至って「指導要録は20年保存」となり，これも長い間の伝統となったのである。

さらには，「その他」において，「(3) 指導要録の記載事項に基いて，就職等の証明書や家庭への通信簿等を作成する場合，その記録事項をそのまま転記すると誤解を生ずるおそれもあるから，これらの作成に当たっては特に注

意されたい」とされているように，指導要録といわゆる通信簿（通知票等）とは別に考えていくことが規定されたのである。

第2項　記入の様式

なお，上記（2）に関する項目に関してであるが，それぞれの【記載事項】を大きく，〔a〕小学校から中学校へ進学する場合と，〔b〕中学校から高等学校へ進学する場合，〔c〕高等学校から大学へ進学する場合とに分けられることになった。

すなわち〔a〕では，記載事項は（a）学校名および所在地，（b）児童の氏名，性別，生年月日および現住所，（c）卒業年月日，（d）最終学年の「学習の記録」，（e）最終学年の「教科以外の活動の記録」，（f）最終学年の「行動の記録」の写，（g）「学籍の記録」の備考，「出欠の記録」，「身体の記録」および「標準検査の記録」に記載されている事項について，将来の指導上とくに必要と思われるものがある場合には，その事項，というようになった。

また他方，〔b〕に関しては，記載事項が（a）学校名および所在地，（b）生徒の氏名，性別，生年月日および現住所，（c）卒業年月日（d）最終学年の「学習の記録」の写，ただし選択教科については，その教科を履修した最終学年における記録の写，（e）最終学年の「特別教育活動の記録」の写，（f）最終学年の「行動の記録」の写，（g）「学籍の記録」の備考，「出欠の記録」，「身体の記録」，「標準検査の記録」および「進路に関する記録」に記載されている事項について，将来の指導上とくに必要と思われるものがある場合には，その事項，となった。

また，〔c〕高等学校から大学へ進学する場合には，（b）に準じることとされた。

以下，この中から「学習の記録」，「行動の記録」，「標準検査等の記録」について，その記入要領を紹介することにする。

「学習の記録」の記入要領

小学校，中学校では，この「学習の記録」を変更し，「評定」欄と「所見」

欄とに分けている。このうち「評定」に関しては5，4，3，2，1で記入するというように5段階相対評価を行うことにしている。その要領であるが，次のように記されていた。すなわち，「学級または学年において普通の程度のものを三とし，それより特にすぐれた程度のものを五，それより特に劣る程度のものを一とし，これらの中間程度のものをそれぞれ四もしくは二とする。一般に三程度のものが最も多数を占め，五または一はきわめて少数にとどまるであろう」と。

高等学校の場合は，しかし，この小・中学校とは異なり，5段階絶対評価が採用されることになった。すなわち，その要領を示すと，「各教科，科目の目標をほぼ達成しているものを三とし，目標を特に高い程度に達成しているものを五，目標の達成が特にふじゅうぶんなものを一とし，これらの中間の程度をそれぞれ四もしくは二とする」とされたのであった。

他方の「所見」欄には他の児童生徒と比較するのではなく，個々の児童（生徒）の特質を知る上で参考となり事項を記入することとされ，個人内評価が求められていた。このため，掲げられる観点について，その個人として比較的にすぐれている特徴があればその該当する観点に○印を記入し，比較的に劣っている特徴があれば×印を記入し，なお，欄内の余白に必要に応じその他著しい特徴，進歩の度合，努力の程度等を記入するが，特徴が認め難い場合は強いて記入の必要はない，とされた。なお，各教科に掲げられた観点は小・中・高等学校ごとに全学年を通じて同一のものであった。

また，「備考」欄は，全教科について学習態度，進歩の状況など特記すべき事項があればそれを記入すること，と個人内評価が求められていた。

「行動の記録」の記入要領

「行動の記録」欄には，自主性，正義感，責任感，根気強さ，健康安全の習慣，礼儀，協調性，指導性，公共心までの9項目が記され，それぞれをA，B，Cの三段階絶対評価することが求められた。すなわち「Aは特にすぐれたもの，Bは普通，Cは特に指導を要するもの」であった。なお，公共心の次の空欄には，これ以外の項目で特に必要なものがある場合にそれを記入し，同じくA，B，Cの三段階絶対評価することが求められた。

また,「判断の傾向」及び「情緒の傾向」の欄が設けられ,掲げられた観点についてその個人として比較的すぐれている特徴があれば,その該当する観点に○印を,比較的劣っている特徴があれば×印を記入し,なおそれらが表れる面等を記入することとされ,個人内評価が求められていた。

さらには,「趣味・特技」「所見」が設けられていた。このうちの「所見」には,「本人の全体的な特性を記入する。特にCと評定された項目については,具体的な理由や指導方針を記入することが望ましい」と,個人内評価すべきことが要請されていた。

「標準検査等の記録」の記入要領

（一）標準化された知能検査,適性検査等で最も信頼がおけるものを正確に実施した場合に記入する。必ずしも,すべての標準検査の結果を記入する必要はない。

（二）「結果」の欄には,指数,偏差値または百分段階点等を記入すること。

（三）「備考」の欄には,検査時の条件,結果の分析的考察など,検査結果を理解し利用する上に必要な事項を具体的に記入すること。

なお,このような改訂に関して,例えば「学習の記録で,正規分布曲線に忠実であったので,優秀な児童・生徒を選抜して入れていた小・中学校では,不利であった。また,相対評価では児童生徒の個人としての進歩が正しく評価されない。さらには,『所見』欄などの改訂の要求あり。(また)行動の記録欄に関しては,『道徳』時間の設置と関連して,その改訂の必要性がある。道徳,学校行事等の欄がないのはおかしい」などの問題点が指摘されている（澤田慶輔・青木孝頼編著『新指導要録の解説と評価・記入法』新光閣書店,昭和46年,pp.16-17）。

第4節　昭和36年の指導要録の改訂

第1項　改訂の趣旨等

　文部省の初等中等教育局長と大学学術局長の連名で「小学校児童指導要録および中学校生徒指導要録の改訂について」（昭和36年2月13日）が、また、文部省初等中等教育局長名で「高等学校生徒指導要録の改訂について（昭和38年1月5日）」が出されることになった。以下、小・中学校の場合を中心にみていくことにする。

　すると、指導要録の性格について、前の昭和30年当時の性格を受けつぎ、小・中学校ともに、次のように規定されている。すなわち、「児童又は生徒の学籍ならびに指導の過程および結果の要約を記録し、指導および外部に対する証明等のために役だたせるための原簿」といった性格である。

　そして「……この案による指導要録は、小学校にあっては昭和36年度から、中学校にあっては、昭和37年度から、全学年同時に実施するように願います」とされたのであった。

　改訂の趣旨等についての言及はないが、従来の指導要録を踏襲しているということであろう。

第2項　記入の様式

　指導要録に記入すべき項目をみると、「学校名および所在地」、「校長氏名印・学級担任者氏名印」、「学籍の記録」、「出欠の記録」、「健康の記録」、「各教科の学習の記録」、「行動および性格の記録」、「標準検査等の記録」、中学校ではさらに「進路に関する記録」が加わることになっていた。

　以下、この中から「各教科の学習の記録」、「行動および性格の記録」、「標準検査等の記録」について、その記入要領を紹介することにする。

「各教科の学習の記録」の記入要領

　小・中学校ともに、「評定」の欄は、その表示を5，4，3，2，1の5

段階とすることを示している。しかし，従来の相対評価を原則とするが，それに学習指導要領に示す各教科の達成状況を加味して評価するという方針が採用されることになった。いわゆる絶対評価を加味した相対評価である。すなわち，その5段階の要領を示すと，「小学校（中学校―筆者注）学習指導要領に定めるその教科の教科目標および学年目標に照らし，学級または学年において，普通の程度のものを3とし，3より特にすぐれた程度のものを5，3よりはなはだしく劣る程度のものを1とし，3と5または3と1の中間程度のものをそれぞれ4もしくは2とすること」とされていたのである。

次の「所見」欄は，他の児童生徒との比較ではなく，その児童（生徒）自身についての特徴を記録することを主眼とすること。すなわち，個人として比較的すぐれているものがあればその該当する観点の欄に○印を，比較的劣っているものがあれば×印を記入すること。この場合，特徴の認めがたい場合には，しいて記入する必要はないこと。また，欄外の余白には，必要に応じ，観点を追加して記入すること，とされていたのである。また，「進歩の状況」については，当該学年の当初と学年末とを比較し，総合的にみて進歩の著しい場合に○印を記入すること。認めがたい場合にはしいて記入の必要はない，としていた。いずれも個人内評価が求められていたわけである。

なお，中学校の"選択教科"については，教科名を空欄とし，この空欄にはその生徒が履修した教科の名称を記入し，（　）内にはその週当たり平均授業時数を記入し，必修教科と同名の選択教科であっても，必修教科とは別に選択教科として評定を行って記入すること，とされていた。だから，必修教科の評定と同様，絶対評価を加味した相対評価が原則であったといえよう。

「行動および性格の記録」の記入要領

この欄は，小・中学校では，各教科，道徳，特別教育活動，学校行事等その他学校生活全般にわたって認められる児童生徒の行動および性格について記録することとされていた。

そして，記入状況「Ⅰ　事実の記録」では，学校生活の全体，特に各教科の学習以外における児童・生徒の活動状況で顕著なものがあった場合にはそ

れを具体的に記入する。また，趣味・特技などについてもこの欄に記入することとされ，いずれも個人内評価が求められていた。

「Ⅱ　評定」では，掲げられた基本的な生活習慣，自主性，責任感，根気強さ，自省心，向上心，公正さ，指導性，協調性，同情心，公共心，積極性，情緒の安定までの13項目ごとに（道徳の特設で，従来の9項目から13項目になった―筆者注），「A，B，Cの3段階絶対評価を行い，その結果を記入すること」とされていた。その要領を示すと，「Aは特にすぐれたものまたは程度の著しいもの，Bは普通，Cは特に指導を要するものを意味すること」であった。なお，「その特徴を明確にとらえがたい場合においては，児童によっては記入しない項目があってもさしつかえないこと。この場合，評定しない項目の欄は斜線を引くこと。特に必要な項目がある場合には，それを空欄に記入し，A，B，Cの3段階で表して記入すること」などが規定された。また，「Ⅲ　備考」（小学校），（中学校は「Ⅲ　所見」）として，「児童・生徒の全体的特性を記入すること。また，Cと評定された項目については，具体的な理由や指導方針をここに記入することが望ましい」とされていた。

なお，中学校には「Ⅳ　趣味・特技」があり，ここには「生徒の興味，趣味，読書傾向，特技などについて記入すること」とされ，個人内評価が求められていた。

「標準検査等の記録」の記入要領

ここでは，「標準化された知能検査，適性検査等で，妥当性，信頼性の高いものを正確に実施した場合に記入すること。ただし，必ずしも実施したすべての標準検査の結果を記入する必要はないこと」とされ，また，「結果」の欄には，指数，偏差値または百分段階点等を記入すること。さらに，「備考」の欄には，検査時の条件，結果の分析的考察等検査結果を理解し利用する上に必要な事項を具体的に記入すること。また，必要な場合には検査者名も記入すること，とされていた。

なお，「取り扱い上の注意」の「7．保存期間」には，「(1)　学校においては，原本は当該児童生徒の卒業あるいは転学後20年間，転学の際送付を受け

た写しは当該児童（生徒）の卒業後20年間保存すること（学校教育法施行規則第15条第二項参照）」とある。

また「取扱い上の注意」の「8.その他」には，「指導要録の記載事項に基づいて，就職等の証明や家庭への通信を作成する場合，その記載事項をそのまま転記すると誤解を生ずる場合もあるから，これらの作成にあたっては特に注意すること」とされていた。

第5節　昭和46年の指導要録の改訂

第1項　改訂の趣旨等

文部省は，昭和45年9月に指導要録改善協力者会議を設け，審議→答申の後，同46年2月27日，初等中等教育局長名で「小学校児童指導要録および中学校生徒指導要録の改訂について（通知）」を各都道府県教育委員会に通知した。併せて，小学校は昭和46年度の4月から，中学校は昭和47年度4月から，それぞれ全学年で同時実施されることを願う旨を記している。

改訂の趣旨として，以下の五つが述べられている。すなわち，(1)「学籍の記録」については，法規の改正で学齢簿に児童生徒の本籍が記載されなくなったため，指導要録の様式（表）から「本籍」を削除したこと。また，(2)「健康の記録」については，「各教科の学習の記録」欄の「Ⅲ　備考」または「行動および性格の記録」欄の「Ⅱ　所見」に児童生徒の健康状況を記入するようにしたので，指導要録の様式（表）から削除したこと。

(3)「各教科の学習の記録」についてでは，各教科の観点については，小・中の学習指導要領の改訂に基づいて所要の改善を加えるとともに，観点項目を精選し，その明確化を図ったこと。

さらには，(4)「特別活動の記録」について，新たに「特別活動の記録」欄を設け，児童・生徒の活動状況について特記すべき事項および所見を記入するようにした。そして，(5)「行動および性格の記録」について，上記(4)の欄の新設に伴い，従来の「行動および性格の記録」の欄内の整理を図

るとともに,「Ⅰ　評定」の各項目についていっそう精選を図ったこと,が述べられているのである。

なお,指導要録の性格については,「指導要録は,従来どおり,児童または生徒の学籍ならびに指導の過程および結果の要約を記録し,指導および外部に対する証明等のために役立たせるための原簿としての性格をもつもの」とされていた。

第2項　記入の様式

指導要録に記入すべき項目をみると,「学籍の記録」,「学校名および所在地」,「校長氏名印・学級担任者氏名印」,「学籍の記録」,「出欠の記録」,「各教科の学習の記録」,「特別活動の記録」,「行動および性格の記録」,「標準検査の記録」となっている。

以下,この中から「各教科の学習の記録」,「特別活動の記録」,「行動および性格の記録」,「標準検査の記録」について,その記入要領を紹介することにする。

「各教科の学習の記録」の記入要領

各教科の「Ⅰ　評定」では,5,4,3,2,1の5段階評定であるが,昭和36年の改訂と同様,それは絶対評価を加味した相対評価であった。すなわち,その要領を示すと,「学習指導要領に定めるその教科の教科目標および学年目標に照らし,学級または学年において,普通の程度のものを3とし,3より特にすぐれた程度のものを5,3よりはなはだしく劣る程度のものを1とし,3と5または3と1の中間程度のものをそれぞれ4もしくは2とすること。この場合,あらかじめ各段階ごとに一定の比率を定めて,児童(生徒)をそれに機械的に割り振ることのないよう留意すること」とされたのである。

また,「Ⅱ　所見」では「他の児童(生徒)との比較ではなく,その児童(生徒)自身について記録すること。その児童(生徒)として比較的にすぐれているものには該当する観点の欄に○印を,比較的劣っているものには×印を記入すること。また,必要に応じ,観点を追加して記入すること」と,

個人内評価が求められていた。

　さらに，「Ⅲ　備考」があり，例えば下記の事項が考えられるとされていた。すなわち，(1) 学習に対する努力，学習態度等の児童（生徒）の日常の学習状況に関すること。(2) 当該学年の当初と学年末とを比較し，総合的にみて学習の進歩が著しい教科がある場合，その状況に関すること。(3) 学習に影響をおよぼすような児童（生徒）の健康状況に関すること。(4) 学校教育法施行規則第26条により，児童（生徒）の履修困難な教科について，特別の処置をとった場合，その状況に関すること，であった。個人内評価が原則的に採用されていたのである。

「特別活動の記録」の記入要領

　児童活動，学校行事，学級指導への参加態度，児童会・学級会の委員経験，クラブ活動などについて記入することが求められている（中学校では生徒活動，学級指導，学校行事への参加態度，生徒会・学級会の委員経験，クラブ活動などについて記入すること）。しかも，これらについて個人内評価が求められていた。

「行動および性格の記録」の記入要領

　この欄は，各教科，道徳，特別活動その他学校生活全体にわたって認められる児童・生徒の行動および性格についての特徴を記録することとされ，「Ⅰ　評定」欄と「Ⅱ　所見」欄より構成されていた。

　このうち「Ⅰ　評定」においては，掲げられた項目ごとに（小学校10，中学校11），A，B，Cの3段階絶対評価で評定することが求められていた。その要領は，「Aは特にすぐれたもの，Bは普通，Cは特に指導を要するものを意味すること」であった。なお，「低学年など（小学校のみ）その特徴を明確にとらえがたい場合においては，児童生徒によって記入しない項目があってもさしつかえないこと。この場合，評定しない項目の欄は斜線を引くこと。また，必要があれば，項目を追加して記入すること」とされていた。

　次の「Ⅱ　所見」に関しては，次に掲げる4事項がある場合に記入するとともに，全体的にとらえた児童・生徒の特徴についても記入することとされ，個人内評価が求められていた。その四つとは「(1)「Ⅰ　評定」におい

てCと評定された項目に関する具体的な理由または指導方針。(2) 指導上特に留意する必要があると認められる児童（生徒）の健康状況および配慮事項。(3) 趣味，特技。(4) 校外生活における顕著な行動」である。

「Ⅲ　趣味・特技」（中学校のみ）

この欄は，生徒の興味・趣味・読書傾向，特技などについて記入すること。

「標準検査の記録」の記入要領

この欄には，標準化された知能検査，適性検査等で，妥当性，信頼性の高いものを正確に実施した場合に記入すること。ただし，必ずしも実施したすべての標準検査の結果を記入する必要はないこと，とされていた。また，「結果」は，指数，偏差値または百分段階点等を記入すること。「備考」は，検査時の条件，結果の分析的考察等検査結果を理解し利用する上に必要な事項を具体的に記入すること。また，必要な場合には，検査者名も記入すること，が求められていた。

なお，「取り扱い上の注意」の「7．保存期間」には，「(1) 学校においては，原本は当該児童（生徒）の卒業あるいは転学後20年間，転学の際送付を受けた写しは当該児童（生徒）の卒業後20年間保存すること」とある。

また「取扱い上の注意」の「8．その他」には，「(1) 就職等の際に証明書を作成するにあたっては，単に指導要録の記載事項をそのまま転記することは必ずしも適当でない場合もあるので，証明の目的に応じて必要な事項を記載するように注意すること。(2) 学校と家庭との連絡に用いられるいわゆる通信簿，家庭連絡簿等は，保護者が児童（生徒）の学校生活の実情をじゅうぶんにはあくできるようにすることが目的であるから，それぞれの学校においては，児童（生徒）の発達段階や学校の実情等を考慮し，適切な記載内容を定めることが必要であり，指導要録の様式や記載方法等をそのまま転用することは必ずしも適当ではない場合もあるので，注意すること」と規定されるようになった。

第6節　昭和55年の指導要録の改訂

第1項　改訂の趣旨等

　文部省初等中等教育局長名で，昭和55年2月29日，「小学校児童指導要録及び中学校生徒指導要録の改訂について（通知）」が通知された。
　これによれば，下記のような改訂の基本方針が述べられている。すなわち「(1)「各教科の学習の記録」について」では，「ア「Ⅰ評定」の欄については，従来，小学校，中学校とも5段階で評定することとされていたが，小学校低学年児童の学習の実態を考慮し，小学校の第1学年及び第2学年については3段階の評定を行うこととしたこと。イ「Ⅱ所見」の欄については，この欄の記録を一層指導に活用できるようにするため，学習指導要領に示す目標の達成状況を観点ごとに評価することとしたこと。また，評価方法を改めたことに伴って，欄の名称を「Ⅱ観点別学習状況」と改めたこと。さらに，各教科の観点については，新学習指導要領の趣旨等を考慮して所要の改善を加えたこと。ウ「Ⅲ備考」の欄については，各教科の学習について総合的に見た場合の児童生徒の特徴等を記入することとし，欄の名称を「Ⅲ所見」と改めたこと」である。
　まず，小学校低学年（第1・2学年）で3段階評定を行うようにしたことが新提案といえよう。そして中・高学年から中学校では，従来通り5段階評定を行うことや，従来の「所見」欄を「観点別学習状況」と改め，各教科ごとに観点別絶対評価を行うこと，は変化した提案といえよう。
　次に，(2)「特別活動の記録」についてでは，「特別活動の重要性にかんがみ，児童生徒の活動状況に関する所見の記入が一層適切に行われるよう配慮したこと」，また，(3)「行動及び性格の記録」についてでは，項目の整理とともに，小・中学校での統一性（一貫性）をもたせたことが述べられている。
　さらには，(3) 様式等の制定に当たって特に留意すべき点が記入されてい

る。

　なお，指導要録の性格について，それは「児童又は生徒の学籍並びに指導の過程及び結果の要約を記録し，指導及び外部に対する証明等のために役立たせるための原簿」としての性格づけられている。従来の規定通りである。

第2項　記入の様式

　指導要録として記入すべき様式が次のように示された。すなわち，「学校名及び所在地」，「校長氏名印・学級担任者氏名印」，「学籍の記録」，「出欠の記録」，「各教科の学習の記録」，「特別活動の記録」，「行動及び性格の記録」，「進路に関する記録」（中学校のみ），「標準検査の記録」（小学校のみ）の項目が示されたのである。

　以下，この中から「各教科の学習の記録」，「特別活動の記録」，「行動及び性格の記録」，「標準検査の記録」について，その記入要領を紹介することにする。

「各教科の学習の記録」の記入要領

　まず，「Ⅰ　評定」では，第3学年以上の各学年，それから中学校にかけて，5段階による絶対評価を加味した相対評価が求められている。その要領は「小・中学校学習指導要領に示す目標に照らし，学級又は学年において，普通の程度のものを3とし，3より特に優れた程度のものを5，3よりはなはだしく劣る程度のものを1とし，3と5又は3と1の中間程度のものをそれぞれ4又は2とする」というものであった。

　また，小学校第1・2学年で実施される3段階評定の場合には，その表示は「普通の程度のものを2とし，2より特に優れた程度のものを3，2よりはなはだしく劣る程度のものを1とすること」と絶対評価することが求められている。

　なお，「5段階又は3段階のいずれの評定を行う場合においても，あらかじめ各段階ごとに一定の比率を定めて，児童をそれに機械的に割り振ることのないよう留意すること」とされ，いわゆる相対評価の極端な適用が戒められている。

中学校における選択教科については「外国語以外の教科にあっては空欄にその生徒が履修した教科の名称を記入すること」とされていた。

また,「Ⅱ　観点別学習状況」では,「小・中学校学習指導要領に示す目標の達成状況を観点ごとに評価して記入すること」とされ,その要領は,「目標を十分に達成したものについては＋印を,達成が不十分なものについては－印を記入すること。なお,目標をおおむね達成したものについては空欄のままとすること。また,特に必要があれば,観点を追加して記入すること」というように,絶対評価されることが期待されていた。

また,「Ⅲ　所見」欄には,例えば下記の事項が考えられる,と個人内評価することが求められていた。すなわち,「(1) その児童（生徒）個人として比較的優れている点又は劣っている点など,各教科の学習全体を通して見られる児童（生徒）の特徴に関すること。(2) 学習に対する努力,学習態度等の児童（生徒）の日常の学習状況に関すること。(3) 当該学年において,その当初と学年末とを比較し,総合的にみて学習の進歩が著しい教科がある場合,その状況に関すること。(4) 児童（生徒）の体力の状況及び学習に影響を及ぼすような児童（生徒）の健康の状況に関すること。(5) 学校教育法施行規則第26条により（中学校では,学校教育法施行規則第55条で準用する同施行規則第26条により―筆者注）,児童（生徒）の履修困難な教科について,特別の処置をとった場合,その状況に関すること」等の記述が求められていた。

「特別活動の記録」の記入要領

この欄には「特別活動における児童（生徒）の活動状況について主な事実及び所見を記入すること（例えば,特別活動への参加態度,学級会・児童会（生徒会）の係や委員の経験,クラブ活動や学校行事における活動状況などについて記入すること。）。更に,児童（生徒）の活動状況を総合的にみて次に示す観点の趣旨に該当する場合には,欄内の観点の番号を○印で囲むこと。1　活動の意欲……意欲をもって集団活動に参加し,熱心に自己の役割を果たした。2　集団への寄与……所属集団の活動の発展・向上に大いに寄与した」と,個人内評価が求められている。

「行動及び性格の記録」の記入要領

まず「Ⅰ　評定」欄では，掲げられた項目（基本的な生活習慣，自主性，責任感，勤労意欲・根気強さ，創意工夫，情緒の安定，寛容・協力性，公正，公共心）ごとに児童（生徒）の行動及び性格について観察し，優れたものについては＋印を，特に指導を要するものについては－印を記入すること。なお，特徴を認めがたいものについては空欄のままとすること。また，特に必要があれば，項目を追加して記入すること，というように個人内評価することが求められている。

また，「Ⅱ　所見」には，次に掲げるような事項について個人内評価することが求められていた。すなわち，「(1) 全体的にとらえた児童（生徒）の特徴，(2)「Ⅰ評定」において「－」と評定された項目に関する具体的な理由又は指導方針，(3) 指導上特に留意する必要があると認められる児童（生徒）の健康状況及び配慮事項，(4) 趣味，特技，(5) 校外活動における顕著な行動」である。

「標準検査の記録」の記入要領

この欄は，小・中学校ともに「標準化された知能検査，適性検査等で，妥当性，信頼性の高いものを正確に実施した場合に記入すること。ただし，必ずしも実施したすべての標準検査の結果を記入する必要はないこと。『結果』は，指数，偏差値又は百分段階点等を記入すること。『備考』は，検査時の条件，結果の分析的考察等検査結果を理解し利用する上に必要な事項を，具体的に記入すること。また，必要な場合には，検査者名も記入すること」とされていた。

なお，取扱い上の注意の「7　保存期間」には「(1) 学校においては，原本は当該児童（生徒）の卒業又は転学後20年間，転入学の際送付を受けた写しは当該児童（生徒）の卒業後20年間保存すること（学校教育法施行規則第15条第2項参照）」が，また「8　その他」には「(2) 学校と家庭との連絡に用いられるいわゆる通信簿，家庭連絡簿等は，保護者が児童（生徒）の学校生活の実情を十分に把握できるようにすることが目的であるから，それぞれの学校においては，児童（生徒）の発達段階や学校の実情等を考慮し，適

切な記載内容を定めることが必要であり，指導要録の様式や記載方法等をそのまま転用することは必ずしも適当ではないので，注意すること」が述べられていた。

第7節　平成3年の指導要録の改訂

第1項　改訂の趣旨等

　平成3年3月20日，文部省初等中等教育局長名で「小学校児童指導要録，中学校生徒指導要録並びに盲学校，聾学校及び養護学校の小学部児童指導要録及び中学部指導要録の改訂について（通知）」が通知された。
　これによれば，「指導要録は，児童生徒の学籍並びに指導の過程及び結果の要約を記録し，指導及び外部に対する証明等に役立たせるための原簿としての性格をもつもの」である，として従来の指導要録の性格には何らの変更のないことが記されている。
　そして，改訂の趣旨として，以下の七つが述べられている。
　まず「ア　指導要録の編製について」であり，ここでは「指導要録は，学籍に関する記録と指導に関する記録とを別様として編製することとしたこと」が述べられている。すなわち，今後，学籍に関する記録は20年間，指導に関する記録は5年間保存することになったのである。
　次には「イ　各教科の学習の記録」欄について，「（ア）各教科の評価については，『Ⅰ観点別学習状況』の欄を基本としつつ，『Ⅱ評定』及び『Ⅲ所見』を併用することとしたこと。（イ）『Ⅰ観点別学習状況』については，新学習指導要領に示す各教科の目標や内容を踏まえ，自ら学ぶ意欲の育成や思考力，判断力などの育成に重点を置くことが明確になるよう配慮し，観点等を改めたこと。なお，中学校の選択教科（共通必修としての『外国語』を除く。以下同じ。）については，学校において観点を設定することとしたこと。（ウ）『Ⅱ評定』については，児童の発達段階の特性や学習の実態等を考慮し，小学校の低学年にあっては廃止し，中・高学年にあっては3段階で評定

するようあらためたこと。なお，中学校の選択教科については，この教科の特性を考慮して設定された目標に照らして3段階で評定することとしたこと。(エ)『Ⅲ所見』については，個性を生かす教育に役立てる観点から，児童生徒の長所を取り上げることが基本となるようにしたこと」が述べられている。

すなわち，「観点別学習状況」を「評定」等よりも前に設けるようにしたこと，「観点別学習状況」欄は「新学習指導要領に示す各教科の目標や内容を踏まえ，自ら学ぶ意欲の育成や思考力，判断力などの育成に重点を置くことが明確になるよう配慮し，観点等を改めたこと」と新しい評価を求めていること，また「評定」は小学校低学年（第1・2学年）は廃止するとともに，中・高学年では3段階（なお，中学校は必修教科は5段階，選択教科は3段階）評定することが求められるようになったのである。

また「Ⅲ 所見」では個人内評価が求められている。

さらに「ウ 特別活動の記録」欄についてであるが，ここでは「(ア)この欄を『Ⅰ活動の状況』及び『Ⅱ事実及び所見』に分けたこと。(イ)『Ⅰ活動の状況』については，学級活動，児童（生徒）会活動，クラブ活動及び学校行事の各内容ごとに評価の趣旨を示し，それに照らして評価するようにするとともに，その表示方法を改めたこと。(ウ)『Ⅱ事実及び所見』については，個性を生かす教育に役立てる観点から，児童生徒の長所を取り上げることが基本となるようにしたこと」が述べられている。

また，「エ 行動の記録」の欄についてでは，「(ア)従前の『行動及び性格の記録』及び『Ⅰ評定』の欄の名称をそれぞれ『行動の記録』及び『Ⅰ行動の状況』と改めたこと。(イ)『Ⅰ行動の状況』については，新学習指導要領において重視した点や発達段階により重視した内容などを考慮し，評価の項目や趣旨を改めたこと。(ウ)『Ⅱ所見』については，個性を生かす教育に役立てる観点から，児童生徒の長所を取り上げることが基本となるようにしたこと」が述べられている。

「オ 進路指導の記録」の欄についてでは，「従前の『進路に関する記録』欄の名称を『進路指導の記録』と改めるとともに，その記入内容の充実が図

られるようにしたこと」。

さらに、「カ　指導上参考となる諸事項」の欄については「（ア）上記イからオまでの各欄の記録以外で指導上参考となる諸事項を一括して記録する欄として、新たに『指導上参考となる諸事項』の欄を設けたこと。なお、従前の『標準検査の記録』等の欄はこの欄に統合したこと。（イ）この欄には、児童（生徒）の特徴・特技等、学校内外における奉仕活動等及び表彰を受けた行為や活動等、知能、学力等について標準化された検査の結果などを指導上参考となる事項に記入することとしたこと」。

最後の「キ　出欠の記録」の欄についてでは「学校の教育活動の一環として、児童（生徒）が運動や文化などにかかわる行事等に参加した場合には、出席扱いにすることができることを明確にしたこと」が述べられている。

第2項　記入の様式

記入様式をみると、「学籍の記録」（1児童（生徒）、2保護者、3入学前の経歴、4入学・編入学等、5転入学、6転学・退学等、7卒業、8進学先）、「学校名及び所在地」、「校長氏名印・学級担任者氏名印」、「各教科の学習の記録」、「特別活動の記録」、「行動の記録」、「進路指導の記録」（中学校―筆者注）、「指導上参考となる諸事項」、「出欠の記録」である。

以下、この中から「各教科の学習の記録」、「特別活動の記録」、「行動の記録」、「指導上参考となる諸事項」について、その記入要領を紹介することにする。

「各教科の学習の記録」の記入要領

まず「Ⅰ　観点別学習状況」においては、「小学校中学校学習指導要領に示す各教科の目標に照らして、その実現の状況を観点ごとに評価し、A、B、Cの記号により記入すること」として、3段階絶対評価されることになった。その要領を示せば、「十分満足できると判断されるもの」をA、「おおむね満足できると判断されるもの」をB、「努力を要すると判断されるもの」をCとすること、とされた。また、「特に必要があれば、観点を追加して記入すること」とされた。

なお，中学校の選択教科（共通履修としての「外国語」を除く。以下同じ）については，生徒選択を基本とし，生徒の特性等に応じた多様な学習活動を展開するという趣旨が生かせるよう考慮して，学校が観点を設定し，空欄に記入すること，となっている。

　次に「Ⅱ　評定」であるが，この欄には，「第3学年以上の各教科の学習の状況について，各教科別に小学校・中学校学習指導要領に示す目標に照らして，学級又は学年における位置づけを評価して記入すること」とされ，その記入要領は各教科ともに3，2，1の3段階による評価，すなわち小学校・中学校学習指導要領に示す目標に照らして，学級又は学年において，「普通の程度のもの」を2とし，「2より優れた程度のもの」を3，「2よりもはなはだしく劣る程度のもの」を1とする，という絶対評価を加味した相対評価が採用されていたのである。

　また，「Ⅲ　所見」には，「各教科の学習について総合的に見た場合の児童（生徒）の特徴を及び指導上留意すべき事項を記入すること。その際，児童（生徒）の長所を取り上げることが基本となるよう留意すること」と，個人内評価することが基本とされていた。ちなみに，具体的には「(1) その児童（生徒）個人として比較的優れている点など，各教科の学習全体を通して見られる児童（生徒）の特徴に関すること。(2) 学習に対する努力，学習意欲，学習態度等の児童（生徒）の日常の学習状況に関すること。(3) 当該学年において，その当初と学年末とを比較し，学習の進歩が著しい教科がある場合，その状況に関すること。(4) 児童（生徒）の体力の状況及び学習に影響を及ぼすような児童（生徒）の健康の状況に関すること。(5) 学校教育法施行規則第26条（第55条で準用する同法施行規則第26条—中学校の場合，筆者注）により，児童（生徒）の履修困難な教科について，特別の処置をとった場合，その状況に関すること。(6) その他特に指導が必要である場合には，その事実に関すること」があげられていた。

「特別活動の記録」の記入要領

　ここには，特別活動全体にわたって認められる児童（生徒）の活動についての特徴を記入すること。

「Ⅰ　活動の状況」
　この欄には，特別活動における児童・生徒の活動について，各内容ごとにその趣旨に照らして十分満足できる状況にあると判断される場合には，欄内に○印を記入すること。
　なお，クラブ活動については，実施しなかった学年の欄に斜線を引くこと（中学校はなし―筆者注）。
「Ⅱ　事実及び所見」
　この欄には，特別活動における児童（生徒）の活動の状況について，主な事実及び総合的に見た場合の所見を記入すること。その際，所見については，児童生徒の長所を取り上げることが基本となるよう留意すること。
(1) 事実の記入に当たっては，例えば下記の事項が考えられること。
　　所属する係名や委員会名，クラブ名及び学校行事における役割の分担など，活動の状況についての事実に関すること。
(2) 所見の記入に当たっては，例えば下記の事項が考えられること。
　ア　その児童（生徒）個人として比較的優れている点など，特別活動全体を通して見られる児童（生徒）の特徴に関すること。
　イ　当該学年において，その当初と学年末とを比較し，活動状況の進歩が著しい場合，その状況に関すること。
　ウ　その他特に指導が必要である場合には，その事実に関すること，である。

「行動の記録」の記入要領
　ここには，まず，「Ⅰ　行動の記録」として，児童生徒の行動（11項目）について，掲げられた項目ごとにその趣旨に照らして十分に満足できる状況にあると判断される場合には，欄内に○印を記入すること，と個人内評価が原則とされている。なお，「特に必要があれば，項目を追加して記入すること」とされていた。
　次に，「Ⅱ　所見」欄では，「行動の状況について総合的に見た場合の児童生徒の特徴及び指導上留意すべき事項を記入すること。その際，児童（生徒）の長所を取り上げることが基本となるよう留意すること」と，個人内評

価が取られていた。事項として，具体的に「(1) 全体的にとらえた児童（生徒）の特徴に関すること。(2) その児童（生徒）個人として比較的優れている点など，各教科，道徳，特別活動その他学校生活全体にわたって見られる児童（生徒）の特徴に関すること。(3) 当該学年において，その当初と学年末とを比較し，行動の状況の進歩が著しい場合，その状況に関すること。(4) 指導上特に留意する必要があると認められる児童（生徒）の健康状況その他特に指導が必要である場合にはその事実に関すること」があげられていた。

「指導上参考となる諸事項」の記入要領

従来からあった「標準検査の記録」は「指導上参考となる諸事項」の「3」に納められ，「3　知能，学力等について標準化された検査の結果については，妥当性，信頼性の高いものを正確に実施した場合，検査月日，検査の名称及び検査の結果を記入すること。なお，実施した検査の結果を必ずしもすべて記入する必要はないこと。検査の結果については，指数，偏差値又は百分段階点等のほか，その後の指導に生かすことができる内容を具体的に記入すること。なお，結果については，必要があれば『各教科の学習の記録』の『所見』の欄などに記入することもできること」と記述されている。

なお，「Ⅲ　取扱い上の注意」の「7　保存期間」において「(1) 学校においては，原本及び転入学の際送付を受けた写しのうち，学籍に関する記録については20年間，指導に関する記録については5年間保存すること（学校教育法施行規則第15条第2項参照）」であること，また，「8　その他」の「(2)」において「指導要録は，一年間の学習指導の過程や成果などを要約して記録するものであり，その様式や記載方法等を学校と保護者との連絡に用いるいわゆる通信簿等にそのまま転用することは必ずしも適切ではないこと。したがって，学校においては，指導要録における各教科等の評価の考え方を踏まえ，児童（生徒）の学習指導の過程や成果，一人一人の可能性などについて適切に評価し，児童（生徒）一人一人のその後の学習を支援することに役立つようにする観点から，通信簿等の記載内容や方法，様式等について工夫改善すること」と書かれたのである。

第1章　指導要録の改訂にみる評価の特質

第8節　平成13年の指導要録の改訂

第1項　改訂の趣旨等

　平成13年4月27日付けで，文部科学省初等中等教育局長名で「小学校児童指導要録，中学校生徒指導要録，高等学校生徒指導要録，中等教育学校生徒指導要録並びに盲学校，聾学校及び養護学校の小学部児童要録，中学部生徒指導要録及び高等部生徒指導要録の改善等について（通知）」が通知された。
　この中で，指導要録は「児童生徒の学籍並びに指導の過程及び結果の要約を記録し，その後の指導及び外部に対する証明等に役立たせるための原簿」であることはもちろん，「これからの評価においては，各学校において，観点別学習状況の評価を基本とした現行の評価方法を発展させ，学習指導要領に示す目標に照らしてその実現状況を見る評価が一層重視されるとともに，児童生徒一人一人のよい点や可能性，進歩の状況などを評価するため，個人内評価が工夫されるようお願いします」といって，今後は絶対評価と個人内評価が中心となるようにすることを示している。
　また「各学校において，指導と評価の一体化，評価方法の工夫改善，学校全体としての評価の取組が進められるとともに，学習の評価の内容について，日常的に児童生徒や保護者に十分説明し，共通理解が図られるようお願いします」といって，評価の三つの機能，すなわち指導と評価の一体化，自己学習力の向上および保護者等外部の人々への説明責任に向けた評価の工夫をすることが述べられている。
　なお，「2　小・中学校の指導要録について」では，「(1)　各教科の評定について，学習指導要領に示す基礎的・基本的な内容の確実な習得を図るなどの観点から，学習指導要領に示す目標に照らしてその実現状況を評価することに努める。(2)『総合的な学習の時間』について，各学校で評価の観点を定めて，評価を文章記述する欄を新たに設ける。(3)『生きる力』の育成を目指し，豊かな人間性を育てることが重要であることを踏まえ，『行動の記

37

録』の項目を見直す。(4)『生きる力』は全人的な力であることを踏まえ，児童生徒の成長の状況を総合的にとらえる工夫ができるようにする趣旨から，所見欄等を統合する」という方針のもとで改訂されたことが記述されている。

第2項　記入の様式

　記入様式をみると，小・中学校ともに，○「学籍に関する記録」として1児童（生徒）の氏名，性別，生年月日及び現住所，2保護者の氏名及び現住所，3入学前の経歴，4入学・編入学等，5転入学，6転学・退学等，7卒業，8進学先，9学校名及び所在地，10校長氏名印，学級担任者氏名印が，他方に○「指導に関する記録」として「各教科の学習の記録」，「総合的な学習の時間の記録」，「特別活動の記録」，「行動の記録」，「総合所見及び指導上参考となる諸事項」，「出欠の記録」である。

　このように，「学籍に関する記録」と「指導に関する記録」とにより指導要録が構成されているのであるが，以下，これらのうちの「指導に関する記録」欄について，その記入要領を紹介することにする。

「各教科の学習の記録」の記入要領

　まず「Ⅰ　観点別学習状況」には，小・中学校の学習指導要領（平成10年文部省告示第175号，中は176号—筆者注）に示す各教科の目標に照らして，その実現状況を各観点ごとにA，B，Cの記号により評定し，記入することが述べられている。しかもそのA，B，Cは「十分満足できると判断されるもの」をA，「おおむね満足できると判断されるもの」をB，「努力を要すると判断されるもの」をCとする，というように3段階絶対評価が求められている。また，「特に必要があれば，観点を追加して記入する」とされている。

　なお，中学校の「選択教科については，生徒選択を基本とし，生徒の特性等に応じた多様な学習活動を展開するという趣旨が生かせるよう考慮して，学校が観点を設定し，記入する」とされている。

　次に，「Ⅱ　評定」であるが，ここには「（小学校—筆者注）第3学年以上の各教科の絶対評価結果を記述するとされているが，その3段階絶対評価と

いうのは,「小学校学習指導要領に示す各教科の目標に照らして,その実現状況を総括的に評価し,記入する」とされ,その要領は,学習指導要領に示す目標に照らして,「十分満足できると判断されるもの」を3,「おおむね満足できると判断されるもの」を2,「努力を要すると判断されるもの」を1とすると規定されている。

ところで中学校の必修教科の場合,「必修教科の評定は,5段階評定」であり,その要領に関しては,中学校学習指導要領に示す目標に照らして,「十分満足できると判断されるもののうち,特に高い程度のもの」を5,「十分満足できると判断されるもの」を4,「おおむね満足できると判断されるもの」を3,「努力を要すると判断されるもの」を2,「一層努力を要すると判断されるもの」を1とする,と絶対評価すべきことが述べられている。また,選択教科の場合は,各教科の設定目標に照らして,「十分満足できると判断されるもの」をA,「おおむね満足できると判断されるもの」をB,「努力を要すると判断されるもの」をCとする,と3段階絶対評価が原則となっている。

「総合的な学習の時間の記録」の記入要領

「総合的な学習の時間については,この時間に行った学習活動及び指導の目標や内容に基づいて定めた評価の観点を記載した上で,それらの観点のうち,児童(生徒)の学習状況に顕著な事項がある場合などにその特徴を記入するなど,児童(生徒)にどのような力が身に付いたかを文章で記述する」とされている。個人内評価を文章記述するというものである。なお,評価の観点については,三つの事例が示されている。

「特別活動の記録」の記入要領

「特別活動における児童(生徒)の活動について,各内容ごとにその趣旨に照らして十分満足できる状況にあると判断される場合には,○印を記入する」とされ,個人内評価が採用されている。

「行動の記録」の記入要領

「各教科,道徳,特別活動,総合的な学習の時間,その他学校生活全体にわたって認められる児童(生徒)の行動について,各項目ごとにその学年別

の趣旨に照らして十分満足できる状況にあると判断される場合には，○印を記入する。また，特に必要があれば，項目を追加して記入する」とされ，個人内評価が推奨されている。

「総合所見及び指導上参考となる諸事項」の記入要領

児童生徒のこの欄の評定のために，以下のような事項が例示されている。すなわち，「①各教科や総合的な学習の時間の学習に関する所見，②特別活動に関する事実及び所見，③行動に関する所見，④（⑤）児童（生徒）の特徴・特技，学区内外における奉仕活動，表彰を受けた行為や活動，知能，学力等について標準化された検査の結果など指導上参考となる諸事項，⑤（⑥）児童生徒の成長の状況にかかわる総合的な所見」である（中学校の場合は，④進路指導に関する事項，が入るので，⑤，⑥としている）。

そして，記入方法としては「児童（生徒）の優れている点や長所，進歩の状況などを取り上げることが基本となるよう留意することが望まれる。ただし，児童（生徒）の努力を要する点などについても，その後の指導において等に配慮を要するものがあれば記入する」とされ，個人内評価が推奨されている。

なお，「また，学級・学年など集団の中での相対的な位置付けに関する情報も，必要に応じ，記入する」として，相対評価結果が極めて限定的だが，採用されている。

第9節　平成22年の指導要録の改訂

第1項　改訂の趣旨等

平成22年5月11日付けで，文部科学省初等中等教育局長名で「小学校，中学校，高等学校及び特別支援学校等における児童生徒の学習評価及び指導要録の改善等について（通知）」が通知された。

この通知文の「はじめに」に相当する部分において，指導要録の性格について，「指導要録は，児童生徒の学籍並びに指導の過程及び結果の要約を記

録し，その後の指導及び外部に対する証明等に役立たせるための原簿となるものであり，各学校で学習評価を計画的に進めていく上で重要な表簿です」といい，従来の規定を踏襲している。

そして，【記】の「1 学習評価の改善に関する基本的な考え方について」の「(1)」において，以下の3点が示されている。

【1】 きめの細かな指導の充実や児童生徒一人一人の学習の確実な定着を図るため，学習指導要領に示す目標に照らしてその実現状況を評価する，目標に準拠した評価を引き続き着実に実施すること。

【2】 新しい学習指導要領の趣旨や改善事項等を学習評価において適切に反映すること。

【3】 学校や設置者の創意工夫を一層生かすこと。

続いて「(2)」として「学習評価における観点については，新しい学習指導要領を踏まえ，『関心・意欲・態度』，『思考・判断・表現』，『技能』及び『知識・理解』に整理し，各教科等の特性に応じて観点を示している。設置者や学校においては，これに基づく適切な観点を設定する必要があること」を示している。

なお，【別紙4】各学校における指導要録の保存，送付等に当たっての配慮事項において，「1　児童生徒が転学する場合は，……送付を受けた指導要録の抄本又は写しについては，進学してきた児童生徒が在学する期間保存すること」とある。その他，例えば従来の「原本及び転入学」に関する"学籍に関する記録は20年間，指導に関する記録は5年間"という規定は見当たらないが，学校教育法施行規則第15条第2項に変更はなく，生きているということである。

第2項　記入の様式

記載事項（＝様式）は，従来通り，「学籍に関する記録」と「指導に関する記録」とに分かれている。

そして，「学籍に関する記録」では，1児童（生徒）の氏名，性別，生年月日及び現住所，2保護者の氏名及び現住所，3入学前の経歴，4入学・編

入学等，5転入学，6転学・退学等，7卒業，8進学先（中学校は進学先・就職先），9学校名及び所在地，10校長氏名印，学級担任者氏名印の各欄を設けている。

他方，「指導に関する記録」として，1「各教科の学習の記録」，2「外国語活動の記録」（中学校はなし），3「総合的な学習の時間の記録」，4「特別活動の記録」，5「自立活動の記録」，6「行動の記録」，7「総合所見及び指導上参考となる諸事項」，8「入学時の障害の状態」，9「出欠の記録」である。

「自立活動」（小学校は【5】，中学校は【4】として）は，新しい項目であるが，そこでは小・中学校ともに，「特別支援学校小学部（中学校は中学部）における自立活動の記録については，個別の指導計画を踏まえ，以下の事項等を記入する。

【1】指導の目標，指導内容，指導の結果の概要に関すること
【2】障害の状態等に変化が見られた場合，その状況に関すること
【3】障害の状態を把握するため又は自立活動の成果を評価するために検査を行った場合，その検査結果に関すること」と記されている。

このように，「学籍に関する記録」と「指導に関する記録」とにより指導要録が構成されているのであるが，以下，これらのうちの「指導に関する記録」欄について，その記入要領を紹介することにする。

「各教科の学習の記録」の記入要領

まず「各教科の学習の記録」のうち，(1)「観点別学習状況」であるが，「……学習指導要領に示す各教科の目標に照らして，その実現状況を観点ごとに評価し記入する。その際，『十分満足できる』状況と判断されるものをA，『おおむね満足できる』状況と判断されるものをB，『努力を要する』状況と判断されるものをCのように区別して評価を記入する」とされている。小・中学校ともに，いわゆる三段階絶対評価が踏襲されている。

次に，(2)「評定」であるが，ここには「（小学校―筆者注）第3学年以上の各教科の学習の状況について，小学校学習指導要領等に示す各教科の目標に照らして，その実現状況を総括的に評価し記入する。各教科の評定は，小

第1章　指導要録の改訂にみる評価の特質

学校学習指導要領等に示す各教科の目標に照らして，その実現状況を『十分満足できる』状況と判断されるものを3，『おおむね満足できる』状況と判断されるものを2，『努力を要する』状況と判断されるものを1のように区別して記入する」とされている。従来の三段階絶対評価が踏襲されているといえよう。

　ところで中学校では，必修教科の場合，「必修教科の評定は5段階評定」であり，その要領に関しては，中学校学習指導要領等に示す目標に照らして，その実現状況を「十分満足できるもののうち，特に程度が高い」状況と判断されるものを5，「十分満足できる」状況と判断されるものを4，「おおむね満足できる」状況と判断されるものを3，「努力を要する」状況と判断されるものを2，「一層努力を要する」状況と判断されるものを1のように区別して評価を記入する，と従来の5段階絶対評価を踏襲すべきことが述べられている。

　他方，選択教科に際しては，「各学校が評定の段階を決定し記入する」とされ，各教科の学習の状況を「総括的に評価」することが求められている。そして，「(1)『観点別学習状況』において掲げられた観点は，分析的な評価を行うものとして，各教科の評定を行う場合において基本的な要素となるものであることに十分留意する。その際，評定の適切な決定方法等については，各学校において定める」とされ，従来の三段階絶対評価とはやや異なる展開となっている。

小学校「外国語活動の記録」の記入要領

　今回より新設された小学校第5・6学年の「外国語活動」であるが，この評価に関しては，「評価の観点を記入した上で，それらの観点に照らして，児童の学習状況に顕著な事項がある場合にその特徴を記入する等，児童にどのような力が身に付いたかを文章で記述する。評価の観点については，設置者は，小学校学習指導要領等に示す外国語活動の目標を踏まえ，別紙5を参考に設定する。また，各学校において，観点を追加して記入できるようにする」とされている。

　なお，別紙5「各教科等・各学年等の評価の観点等及びその趣旨」では，

「評価の観点」として「コミュニケーションへの関心・意欲・態度」「外国語への慣れ親しみ」「言語や文化に関する気付き」が例示されている。中学校の外国語の「評価の観点」が「コミュニケーションへの関心・意欲・態度」「外国語表現の能力」「外国語理解の能力」「言語や文化についての知識・理解」となっているのとは異なっている。

「総合的な学習の時間の記録」の記入要領

この時間に関しては「この時間に行った学習活動及び各学校が自ら定めた評価の観点を記入した上で，それらの観点のうち，児童（生徒）の学習状況に顕著な事項がある場合などにその特徴を記入する等，児童（生徒）にどのような力が身に付いたかを文章で記述する」とある。

なお，この時間の「評価の観点」として大きく三つが例示されている。すなわち一つは「学習指導要領に示す総合的な学習の時間の目標を踏まえて定め」たものであり，二つには―従来にはなかった―「学習方法に関すること」「自分自身に関すること」及び「他者や社会とのかかわりに関すること」等の視点に沿って各学校で育てようとする資質や能力等を踏まえて定めたりすること，三つ目には「教科との関連を明確にし」，この結果「関心・意欲・態度」「思考・判断・表現」「技能」及び「知識・理解」等と定めることが例示されている。

「特別活動の記録」の記入要領

この欄の記録に関しては，「各学校が自ら定めた特別活動全体に係る評価の観点を記入した上で，各活動・学校行事ごとに，評価の観点に照らして十分満足できる活動の状況にあると判断され場合に，○印を記入する」とされている。「評価の観点」を新たに設けており，これに基づいて個人内評価をしていこうとする姿勢がより強くなっているといえよう。

なお，評価の観点としては「小学校学習指導要領等（中学校は中学校学習指導要領等）に示す特別活動の目標を踏まえ，各学校において別紙5（観点として「集団活動や生活への関心・意欲・態度」「集団の一員としての思考・判断・実践」「集団活動や生活についての知識・理解」が例示されている―筆者注）を参考に定める」とある。

第1章 指導要録の改訂にみる評価の特質

「行動の記録」の記入要領

　この欄の記入に関しては「小学校（中学校）及び特別支援学校（視覚障害，聴覚障害，肢体不自由又は病弱）小学部（中学部）における行動の記録については，各教科，道徳，外国語活動（小学校のみ），総合的な学習の時間，特別活動やその他学校生活全体にわたって認められる児童（生徒）の行動について，設置者は，小学校学習指導要領等（中学校は中学校学習指導要領等）の総則及び道徳の目標や内容，内容の取扱いで重点化を図ることとしている事項等を踏まえて示している別紙5（小・中学校ともに観点として，基本的な生活習慣，健康・体力の向上，自主・自律，責任感，創意工夫，思いやり・協力，生命尊重・自然愛護，勤労・奉仕，公正・公平，公共心・公徳心―筆者注）を参考にして，項目を適切に設定する。また，各学校において，自らの教育目標に沿って項目を追加できるようにする。各学校における評価に当たっては，各項目の趣旨に照らして十分満足できる状況にあると判断される場合に，○印を記入する。

　特別支援学校（知的障害）小学部（中学部）における行動の記録については，小学校（中学校）及び特別支援学校（視覚障害，聴覚障害，肢体不自由又は病弱）小学部（中学部）における行動の記録に関する考え方を参考としながら文章で記述する」とされている。

「総合所見及び指導上参考となる諸事項」の記入要領

　この欄の記入に関しては「小学校等（中学校等）における総合所見及び指導上参考となる諸事項については，児童（生徒）の成長の状況を総合的にとらえるため，以下の事項等を文章で記述する。

【1】各教科や外国語活動（小学校のみ），総合的な学習の時間の学習に関する所見

【2】特別活動に関する事実及び所見

【3】行動に関する所見

【4】児童（生徒）の特徴・特技，部活動，学校内外におけるボランティア活動など社会奉仕体験活動，表彰を受けた行為や活動，学力について標準化された検査の結果等指導上参考となる諸事項

【5】児童（生徒）の成長の状況にかかわる総合的な所見」とされている。

また，「記入に際しては，児童（生徒）の優れている点や長所，進歩の状況などを取り上げることに留意する。ただし，児童（生徒）の努力を要する点などについても，その後の指導において特に配慮を要するものがあれば記入する。

また，学級・学年など集団の中での相対的な位置付けに関する情報も，必要に応じ，記入する。

さらに，通級による指導を受けている児童（生徒）については，通級による指導を受けた学校名，通級による指導の授業時数，指導期間，指導の内容や結果等を記入する。通級による指導の対象となっていない児童（生徒）で，教育上特別な支援を必要とする場合には，必要に応じ，効果があったと考えられる指導方法や配慮事項を記入する。

特別支援学校小学部（中学部）においては，交流及び共同学習を実施している児童（生徒）について，その相手先の学校名や学級名，実施期間，実施した内容や成果等を記入する」とある。

第2章
各教科の評価の観点とその異同

第1節　各教科の「観点別学習状況」の導入

第1項　昭和55年までの指導要録にみる各教科の観点

　「各教科の学習の記録」の中に「観点別学習状況」欄が設けられるようになったのは昭和55年の改訂からであった。以後今日まで，その呼称は続いている。また，昭和23年では各教科のいわば観点ごとに相対評価による5段階がとられていたが，昭和30，36，46年とでは，「各教科の学習の記録」の中が大きく「評定」と「所見」に分化し，それぞれ個人内評価として○×がつけられるようになった。

　これらの特質を，小学校の場合について検討することにする。

　すると，まず，昭和23年では各教科として8教科＋自由研究があり，例えば国語の中が聞く，話す，読む，書く，作るに分化していた。社会，算数，理科，家庭は理解，態度，技能であった。音楽，図画工作は鑑賞，表現，理解であった。体育は理解，態度，技能，習慣であった。そして，これら一つ一つの観点について五段階相対評価，すなわち＋2，＋1，0，－1，－2のいずれが該当するかを示すことになっていたのである。

　次の昭和30年では，各教科の記録が「評定」と「所見」に分化し，この中の「所見」欄の観点が，国語は言語への関心・意欲，聞く・話す，読解，作文，書写であり，社会は社会的な関心，思考，知識・理解，道徳的な判断。算数は数量への関心態度，数量的な洞察，理論的な指導，計算・測定の技能。理科は自然への関心，理論的な思考，実験・観察の技能，知識・理解。音楽は表現（歌唱，器楽，創作），鑑賞，理解。図画工作は表現（描画，工

作，図案），鑑賞，理解。家庭は技能，理解，実践的な態度。体育は健康安全への関心，運動への技能，理解，協力的な態度となった。しかも，これら観点等について，「その児童の特徴があれば○×を記入する」となった。

他方，この時代に観点より重視されていた「評定」は5，4，3，2，1の五段階相対評価をする（3は普通の程度を示す）となっていた。

昭和36年では，昭和30年と同様，各教科欄が大きく「評定」と「所見」に分化した。しかし，その「所見」欄の各教科の観点は，国語は聞く，話す，読む，作文，書写。社会は社会事象への関心，社会事象についての思考，知識・理解，社会的道徳的な判断。算数は数量への関心，数学的な考え方，用語記号などの理解，計算などの技能。理科は自然の事象への関心，科学的な思考，実験・観察の技能，音楽は鑑賞する，歌を歌う，楽器を演奏する，旋律を作る。図画工作は絵をかく・版画を作る，彫塑を作る，デザインをする，ものを作る，鑑賞する。家庭は技能，知識・理解，実践的な態度。体育は健康・安全への関心，運動の技能，公正協力責任などの態度。なお各教科の観点の最後に，どの教科も「進歩の状況」欄があった。

各教科の「評定」に関しては五段階相対評価を，そして「所見」に関しては個人内評価とされていた。すなわち，「所見」に関しては「各教科ごとに，その欄に掲げられた観点について，個人として比較的すぐれているものがあればその該当する観点の欄に○印を，比較的に劣っているものがあれば×印を記入すること。この場合，特徴の認めがたい場合にはしいて記入する必要はないこと。……『進歩の状況』については，当該学年において，その当初と学年末とを比較し，総合的にみて進歩の著しい場合に○印を記入すること。この場合著しいものの認めがたい場合には記入の必要はないこと」とされていた。

昭和46年では，「評定」と「所見」に分化するとともに，「備考」欄が設けられるようになったのである。このうち「評定」においては5，4，3，2，1の5段階相対評価が取られた。

観点としては，国語では聞くこと，話すこと，読むこと，作文，書写。社会では知識・理解，観察量や資料活用の能力，社会的思考・判断。算数は知

識・理解，技能，数学的な考え方。理科は知識・理解，観察・実験の能力，科学的な思考。音楽は基礎，鑑賞，歌唱，器楽，創作。図画工作は絵画，彫塑，デザイン，工作，鑑賞。家庭では技能，知識・理解，実践的な態度。体育では運動の技能，実践的な態度，健康・安全についての知識・理解であった。

　そして，「所見」では個人内評価が，すなわち「他の児童との比較ではなく，その児童自身について記録すること。その児童として比較的にすぐれているものには該当する観点の欄に○印を，比較的劣っているものには×印を記入すること。また，必要に応じ，観点を追加して記入すること」とされた。なお，「備考」欄には特記する事項が書かれることになった。

第2項　昭和55年以降今日までの指導要録にみる「観点別学習状況」

　ところが，昭和55年から，従来の「評定」重視は変わらないものの，「所見」欄が「観点別学習状況」と「所見」に分化された。しかも，この「観点別学習状況」の評価が絶対評価へと変化した。すなわち，「目標を十分に達成したものについては＋印を，達成が不十分なものについては－印を，目標をおおむね達成したものについては空欄のまま」としたのである。他方の「所見」は個人内評価とされ，各教科の学習について総合的にみた場合の児童・生徒の特徴等を記入することとなった。

　なお，従来からの「評定」は絶対評価を加味した相対評価による五段階評定とされたのであるが，このうち第1学年と第2学年のみの評定は三段階評定となった。これについて，有園氏は次のように解説している。すなわち「新指導要録では五段階相対評価は中学年以上に限定し，低学年は三段階相対評価の扱いに改めた。……低学年を三段階にしたおもな理由は子どもの学力にそれほど大きな差異がみられないこと，学習内容もほぼだれも習得できる基礎的・基本的な事項が対象になっていること，などによる。このため，三段階相対評価といっても，正規分布曲線にあてはめた評価ではなく，むしろ主観的な相対評価に近いものである」（有園格「指導要録の新旧対比―どこがどう変わったか―」『授業研究』明治図書，1980（昭55），p.13）と。

平成3年の指導要録からは,「観点別学習状況」が「評定」よりも前に置かれるようになった。重点の移動ともいえよう。そして,「観点別学習状況」における「観点」は,平成3年度から今日まで,学習指導要領に示される各教科の目標から,「生きる力」(「自己教育力」)としての観点へと変えられ,ABC3段階による絶対評価となった。

　他方,「評定」に関していえば,平成3年では第1・2学年は廃止,第3学年以上は3段階評定であり,しかも絶対評価を加味した相対評価であった。しかしこれが,平成13年からは,第3学年以上で3段階評定であるが,従来と異なり,絶対評価一本となった。

第2節　「観点別学習状況」欄の評価の観点の根拠

第1項　昭和55年の指導要録にみる内容分析的観点

　ところで,上記の第2項にあるように,昭和55年の改訂から「関心・態度」という観点が加わった。この点について,有園氏は次のように述べていた。すなわち,「旧指導要録では,関心・態度は"評価が主観的になりやすい"という理由ではずされてきたが『①新学習指導要領で,児童生徒の学習意欲の向上や豊かな心情の育成,自ら考え実践しようとする態度の育成などが強調されたこと,②最近の教育評価研究で児童生徒の人間形成は知識・理解を中心にした認知領域を対象にした学力形成と関心・態度など情意領域を対象にした人格形成の双方から検討することの必要が強調されるようになったこと,しかも情意領域についての評価研究もすすめられてきたことなどによる』」(有園格「指導要録の新旧対比―どこがどう変わったか―」『授業研究』明治図書,1980 (昭55), p.15) と。

　この指摘は,なぜこの昭和55年から「関心・態度」が加わったかについて新学習指導要領の改訂の趣旨や評価研究の進展から説明したものであるが,次の指摘はより包括的だし,筆者もより注目したい。すなわち,「戦後の観点の設定の方法を見ると,……心理学的な立場からの能力分析的なものか,

あるいは学習内容や活動の分類に応じた内容分析的なもののいずれかである。……従来のものを見ると，教科によって両者が選択的に用いられていて，全体として若干不統一な印象があった。そこで，今回は新学習指導要領の目標，内容の構成を考慮しつつ，全体をできるだけ能力分析的な観点で統一するよう努めるとともに，内容分析的な観点の長所を生かす意味で一部の教科について，観点を更に内容によって再分類して示した」（小林信郎編集代表『小学校　新指導要録の解説と実際―評価資料・記入例付―』教育出版，1980，pp.13-14）。

すなわち，昭和55年までの観点においては，教科の違いに応じて内容分析的観点や能力分析的観点とが選択的に用いられ，このため全体として不統一の感を免れない。しかし，今回の昭和55年からは「学習指導要領の目標・内容を考慮し，一部の教科では内容分析的観点を採用したが，全体としては能力分析観点で統一するよう」にしたというわけである。

しかし，筆者は，昭和55年の各教科の評価の観点をみるとき，「全体として能力分析的観点で統一」するようにしたといわれるわりには，各教科の観点が強く反映しているように思う。実際，指導要録の「改訂の趣旨」では評価の観点は「学習指導要領に示す目標の達成状況」を評価するために設けたといっている。つまり，各教科の観点はそれぞれ教科の目標から割り出されたというのである。だから，例えば作文であれば観点の「表現の能力」だ，書写であれば「書写」だ，数の計算であれば「技能」だ，図形であれば「数学的な考え方」だ，社会科で図・表や地図・資料であれば「観察・資料活用の能力」だというように，互いに独立的に考えられたのではないだろうか。

また，「全体として能力分析的観点で統一するよう」にというわりには，各教科の示す評価の観点の名称やその数もバラバラなような気がする。各教科の最後の観点として「関心・態度」を加えようという点は類似してはいるように思われるが……。

第2項　平成3年の指導要録における能力分析的観点

筆者は，この能力分析的観点が各教科の観点として文字通り統一されるよ

うになったのは，むしろ平成3年3月の指導要録の改訂からではないかと考えている。すなわち，「改訂の概要」において，各教科の観点は「新学習指導要領に示す各教科の目標や内容を踏まえ，自ら学ぶ意欲の育成や思考力，判断力などの育成に重点を置くことが明確になるよう配慮し，観点等を改めた」ものであるとされているからである。つまり，昭和55年時代には，観点は「学習指導要領の目標・内容」から作られていたが，平成3年からは，これら目標・内容を踏まえながらも，「自ら学ぶ意欲の育成や思考力，判断力などの育成」という各教科が共通に参考にすべき点から作られるようになったとされているのである。つまり，観点の出所が異なったというわけである。

だから，前に対比していえば，作文であれ，数の計算であれ，あるいは図・表や地図・資料であれ，それらを学習するときには常に同時に"自ら学ぶ意欲や思考力・判断力など"の能力が不可欠だということになる。また，一部の教科（例えば「国語」や「外国語」，「音楽」，「図画工作や美術」）を除けば，評価の観点の数もほぼ四つで統一されている。また，各教科とも「関心・意欲・態度」が最初に来，今まで最初であった「知識・理解」という観点が最後になっていることも注目されよう。

谷川氏は，各教科の観点にみられるこのような転換を「一大革命」と称し，その理由を次のように記している。すなわち，「……筆者はこの報告書（1991年3月13日の文部省の指導要録改善に関する調査研究協力者会議の報告書―筆者注）が出された直後に，以下のように書いた」（谷川彰英「『観点』の循環的機能と新しい授業づくり」日本教育方法学会編『教育方法21 自己学習能力の育成と授業の創造』明治図書，1992，p.84）とし，まず，次のように図示し，そして説明している。

観点の循環的機能

1. 関心・意欲・態度
2. 思考・判断
3. 技能・表現
　　（又は技能）
4. 知識・理解

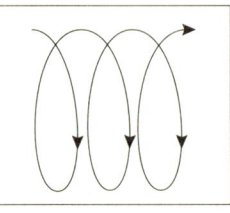

この図に対し，次のような説明を加えている。「『知識・理解』が最後にあるということは，『知識・理解』に到達するまでには，『関心・意欲・態度』『思考・判断』『技能・表現（又は技能）』の三つの観点が前提にならなければならない。言い換えれば，それら三つの観点がなければ『知識・理解』は成立しないということである。そして，さらに見ていくと，これら四つの観点のパターンは授業の流れに即応していると考えられることがわかる。まず授業では子どもたちの関心・意欲・態度を喚起し問いながら，思考・判断させ，その過程で技能・表現の力をつけ，最後に知識・理解に到達するという流れである。そして，この流れをいく度となく繰り返して単元は展開される，という解釈である。いわば観点の循環的機能である。また，ただ循環しているだけでなく，より高度なものになっていく必要性があるので，スパイラル的機能と呼んでもよい」（同上書，p.84）と。

つまり，一般的にいわれるように単に"観点の順番が変わった"のだ（例えば，最初の観点であった知識・理解が最後になり，従来最後の観点であった関心・態度が最初になった）とか，あるいは"知識軽視，態度重視のはじまり"だといった批判なり論調より，むしろそれ以上の転換があった。つまり，昭和55年と平成3年の指導要録とでは，各教科の「観点別学習状況」の観点は大人中心主義，教える内容中心主義から，学ぶ子ども中心主義，学び方中心主義へと転換したと考えられるのである。

第3項　学ぶ力としての能力分析的観点

谷川氏は，図示されるような観点の転換の背景として，「小学校低学年に生活科を新設したことが大きな要因になったのではないかと推測する」（同上書，p.90）としている。

しかし，筆者はそれ以上に，むしろ学習観の違いがこのような観点の異同を可能にしたのではないかと思う。そして，生活科も実はそのような新たな学習観によると考えたい。

谷川氏も引用しているように，平成3年当時の指導要録改善に関する調査研究協力者会議の主査を務めた奥田氏は，後に，次のように自説を披露して

いる。「学習というのは,『興味・関心』『意欲・態度』というのが『入り口』であり,子供が問題に取り組んでいったときに,学習活動としては『調べること』とか『探すこと』がある。ところが,何かを調べてみようと思うときに,そこで求められる能力があるわけだ。例えば考える力を持っていなければならない。それから,良いか悪いかの判断をする力を持たなければいけない。さらに表現する力もなければいけない。その表現のことでは,口で表す場合も,書く場合も,図形で表現する場合もある。要するに,考えたり判断したりしたことを,ある程度表現するとか,あるいは行動に移していくということが『プロセス』だと思う。そういうことを通して,ある事柄について知識を得,理解する。あるいは技能を身に付ける。それが,学んだ『成果』ではないか」(奥田真丈『新しい学力観と評価観　絶対評価の考え方』小学館,1992, pp.73-74)と。

　筆者も,実はここにいうような学習観の違いというか,あるいはこのような学習観を必要とするような観点の異同があったと考えたいのである。もっとも奥田氏の説明はやや機械的な感もしないわけではないが。いずれにせよ私たちが行う一つの問題解決としての学習中には,ここにいうような学習の「入り口」→「プロセス」→「成果」という問題解決のサイクルが,それこ

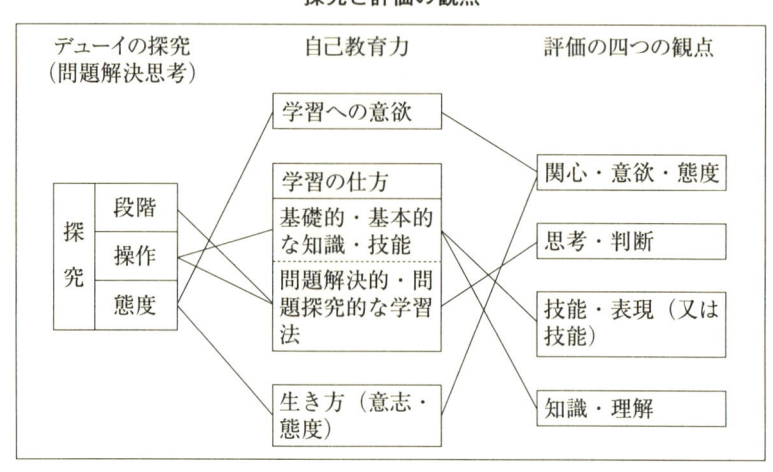

探究と評価の観点

デューイの探究(問題解決思考)	自己教育力	評価の四つの観点
探究 { 段階 / 操作 / 態度 }	学習への意欲 / 学習の仕方 / 基礎的・基本的な知識・技能 / 問題解決的・問題探究的な学習法 / 生き方(意志・態度)	関心・意欲・態度 / 思考・判断 / 技能・表現(又は技能) / 知識・理解

教科と評価の四つの観点の関係

```
                                    （評価の四つの観点）
              ┌→（情意・態度面）  →  関心・意欲・態度
┌─────────┐  │
│ 自己教育力 │──→（高次知的機能面）→  思考・判断
│ (学ぶ力)  │  │
└─────────┘  └→（学習の結果面）  →  技能・表現（又は技能）
     ↕                              → 知識・理解
┌─────────┐
│  各教科  │
└─────────┘
     │
┌────┬────┬────┬────┬────┬────┬──────┬────┬────┐
│国語│社会│算数│理科│生活│音楽│図画工作│家庭│体育│
└────┴────┴────┴────┴────┴────┴──────┴────┴────┘
（各教科とも，評価の4観点を共通に採用）
```

そ何回となく繰り返されているといえよう。

筆者は，子ども（人間）の学び方の望ましいあり方としてデューイ（John Dewey, 1859-1952）の「探究」(inquiry) に着目し，この「探究」（問題解決）をベースに評価の観点を抽出し，構造化しようと主張してきた。上図のようにである。

第3節 「生きる力」の育成と評価の4観点

第1項 「生きる力」としての評価の4観点

筆者は，これら図示されるような評価の観点を採用したいと考えるので，評価の観点は何も各教科のみならず，総合的な学習の時間であれ，道徳，さらには特別活動であれ，共通に動かさなければならない。違いといえば，子

どもが学習すべき課程（内容）の違いを表しているだけであり，目指す力は同じであると考えている。このため，平成3年から今日まで，──当時は"自己教育力"として，すぐにその後「生きる力」として使われるようになったが──，この「生きる力」（自己教育力）を育成しようとする点はどの教科でも，また総合的な学習の時間でも，道徳でも特別活動においても共通だと思うのである。

　ところで，この「生きる力」は，平成元年には，既述のように「自ら学ぶ意欲の育成や思考力，判断力などの育成」として呼ばれていた能力であるが（当時は「自己教育力」とも呼称される），この能力がその後も今日まで踏襲されている。

　ちなみに「生きる力」とは，中教審の第一次答申では「これからの子供たちに必要となるのは，いかに社会が変化しようと，自分で課題を見つけ，自ら学び，自ら考え，主体的に判断し，行動し，よりよく問題を解決する資質や能力であり，また，自らを律しつつ，他人とともに協調し，他人を思いやる心や感動する心など，豊かな人間性であると考えた。たくましく生きるための健康や体力が不可欠であることは言うまでもない」と規定されている（中央教育審議会『21世紀を展望した我が国の教育の在り方について（第一次答申）』平成8年7月19日）。いわゆる知的側面，情意的側面，そして体力的側面すべてにおいて全面的に発達した個人（個性尊重の考え方）を理想とする教育の目的が描かれている。そして，先の「生きる力」は，このうち主に知的側面における能力であり，また，情意的また体力の側面において必要な能力とされていることが分かる。

　では「生きる力」の育成を目指して，評価ではどんなことに留意すべきであろうか。すると，教課審答申では「評価に当たっては，知識や技能の到達度を的確に評価することはもとより大事であるが，それにとどまることなく，自ら学ぶ意欲や思考力，判断力，表現力などの資質や能力までを含めた学習の到達度を評価していくことが大切である。このため，新学習指導要領（平成10年改訂―筆者注）の下でも，現行の指導要録における評価の観点，『関心・意欲・態度』『思考・判断』『技能・表現』『知識・理解』の4観点に

第 2 章　各教科の評価の観点とその異同

よる評価を基本とすることが適当である」(教育課程審議会『児童生徒の学習と教育課程の実施状況の評価の在り方について（答申）』平成12年12月 4日）と述べたのである。

　すなわち，今後の教育における評価の観点は，「生きる力」の育成のために，四つと考えていこうというわけである。

　なお，この観点の順序もこのように，すなわち「関心・意欲・態度」「思考・判断」「技能・表現」「知識・理解」の順に考えていこうとしたのである。観点といい，その順序といい，すべては「生きる力」の育成から導き出された観点であり，順序であるというわけである。

第 2 項　各教科における 4 観点の展開

　各教科におけるこれら 4 観点の展開は，既に述べたようになっている（本章第 1 節参照）。

　ただ，小・中学校の「国語」及び，同じ言語活動を扱う中学校の「外国語」，さらに小・中学校の「音楽」「図画工作・美術」においては 4 観点とやや異なっている。

　国語に関していえば，〈国語への関心・意欲・態度〉及び〈言語についての知識・理解・技能〉は別にして，他の観点である〈話す・聞く能力〉〈書く能力〉〈読む能力〉は，国語科の内容としての「Ａ　話すこと・聞くこと」「Ｂ　書くこと」「Ｃ　読むこと」に対応した能力，すなわち"内容分析的観点"となっている。いわゆる"能力分析的観点"との混在が指摘されるところであろう。

　外国語も，能力分析的観点の部分はまだしも，その他の観点が〈表現の能力〉〈理解の能力〉となっていることも気になる。これらの観点は何を物語っているのであろうか。

　音楽，図画工作・美術に関しては，〈表現〉と〈観賞〉はいわば内容分析的観点となっており，能力分析的観点との混在が目に付く。

第3項　総合的な学習の時間における評価の観点

指導要録における総合的な学習の時間の記載

　まず，総合的な学習の時間における評価について指導要録上では，次のような様式に沿って報告することが求められている（小・中共通）。

総合的な学習の時間の記録			
学年	学習活動	観点	評価

　この記述要領について，指導要録には次のように記されている。すなわち，「この時間に行った学習活動及び各学校が自ら定めた評価の観点を記入した上で，それらの観点のうち，児童（生徒）の学習状況に顕著な事項がある場合などにその特徴を記入する等，児童（生徒）にどのような力が身に付いたかを文章で記述する」と。つまり第何学年かを書いた後，学習活動を書き，それについて定めた評価の観点を書き，その観点からみて，児童生徒の顕著な学習状況やどのような力が身に付いたかを文章記述することが求められている。

教科と同様な評価の観点の採用を

　では各学校で"評価の観点"を設ける際，何かきまりがあるのであろうか。こんな時，平成12年の教課審答申は，三種類の観点事例を提出している。大いに参考になるので，以下この三つの観点事例を考えてみたい。なお，それに先立ち，結論を述べれば，これらの中の二番目の例示観点が「教科との関連を明確にして……」となっており，筆者もこの観点事例がよいと考えている。

さて，教課審は次のような三つの観点事例を示した。そのうちの一つ目は「学習指導要領に定められた『総合的な学習の時間』のねらいを踏まえ，『課題設定の能力』『問題解決の能力』『学び方，ものの考え方』『学習への主体的，創造的な態度』『自己の生き方』というような観点」というものである。二つ目は「教科との関連を明確にして，『学習活動への関心・意欲・態度』『総合的な思考・判断』『学習活動にかかわる技能・表現』『知識を応用し総合する能力』などの観点」である。そして，三つ目は「各学校の定める目標，内容に基づき，例えば，『コミュニケーション能力』『情報活用能力』を定めたりすること」である（教育課程審議会『児童生徒の学習と教育課程の実施状況の評価の在り方について（答申）』平成12年12月4日，p.26）。

　このうちの一つ目に関していえば，各教科の目標・内容から観点を決めた昭和55年に戻ることになる。どうして総合的な学習の時間のみが昭和55年の教科の目標・内容から観点を定めたという時代に逆戻りしなければならないのだろうか。しかも，ねらいとはいえ，自己の生き方と他の四つの能力とは明らかに異なっている。自己の生き方を考え，身に付けるために他の四つの能力（課題設定の能力，問題解決の能力，学び方・ものの考え方，学習への主体的・創造的な態度）が必要だとされているのではないか。もっといえば，第1学年，第2学年，……第6学年の課題設定の能力や問題解決の能力等々はどう違うのかというようにみていくのであれば，はてしがなく，やがて行き詰まっていくのではないだろうか。

　また，三つ目の例示についていえば，いつ，どこで，誰がコミュニケーションや情報活用の能力が総合的な学習の時間のねらいとしたのであろうか。総合の一環として外国語の学習は可能である。しかし，ここで関連していわれるコミュニケーションの能力を総合の最初からのねらいとした展開はない。また，情報活用能力を取り出して，それ自体をねらいとする単元や活動を展開することは考えられない。

　こんなわけで筆者は第二の例示を観点事例と考えたい。しかし，このうちの"知識を応用し総合する力"という観点は教科にはない。また，考えてみれば，これは第二たる「総合的な思考・判断」に相当する観点ともいえよ

う。このため，むしろ教科のように"知識・理解"とした方がよいのではないか。このように考えるのである。

文章記述

中央教育審議会の第一次答申（平成8年7月19日）の中の「⑤横断的・総合的な学習の推進」において，「『総合的な学習の時間』における学習については，子供たちが積極的に学習活動に取り組むと言った長所の面を取り上げて評価することは大切であるとしても，この時間の学習そのものを試験の成績によって数値的に評価するような考え方を採らないことが適当と考えられる」という指摘がなされ，その後の文教行政資料にはこの言葉が機会あるごとに出されるようになった。

筆者は，評価においてルーブリック（＝得点化指針）を採用し，この中でA（3点），B（2点），C（1点）とするようなフォーマットを使い，評価研究を進めている。それは，ルーブリックによる得点化をしておけば，いつでも，またすぐに文章記述ができる。また，もしそうでなければ記述内容が記載する目前の状況に限定されたり，あるいは極めて主観的な，一定しない印象的な記述が懸念されることになる，と考えているからである。そういえば，中教審答申も"試験の成績による数値的評価はなじまない"といっているように，わが国で長く通用している測定評価観への警鐘であり，数値的評価そのものではないと考えられるのである。

第4節　平成22年の指導要録の改訂と評価の4観点

第1項　新たな評価の4観点の提唱

学習指導要領の改訂（平成20年3月）に続き，指導要録が通知された（平成22年5月11日）わけである。しかし，この指導要録が通知される前に，その基本方針や教育評価に関して，中央教育審議会初等中等教育分科会教育課程部会の下に，児童生徒の学習評価の在り方に関するワーキンググループが設置され，このグループは平成22年2月12日に「中間まとめ」をまとめ，さ

第2章　各教科の評価の観点とその異同

らに，この中間まとめの内容について一般の方々からの意見募集の後，中央教育審議会は『児童生徒の学習評価の在り方について（報告）』（平成22年3月24日）を提出した。

この『報告』の中で，とりわけ各教科の「観点別学習状況」欄の四つの観点は"前回と比べそう大差ない"といわれている。ということは前回（＝現行）の"能力分析的観点"が維持されていると考えてよいのであろうか。

今回の評価の観点は，「関心・意欲・態度」「思考・判断・表現」「技能」「知識・理解」の4観点となっている。前回（＝現行）も四つの観点であり，数は同じである。しかし，今回は「思考・判断・表現」となっているところが現行では「思考・判断」となっている。また，今回「技能」となっている観点は現行では「技能・表現」となっている。他の観点たる「関心・意欲・態度」及び「知識・技能」は現行のままである。

『報告』は，基本的な前提として，評価の観点を考えるとき，「新しい学習指導要領においても『生きる力』の理念を引き継いでいること等にかんがみれば，現在の評価の観点を大きく見直す必要はない。一方で，基礎的・基本的な知識・技能の習得とこれらを活用する思考力・判断力・表現力等をいわば車の両輪として相互に関連させながら伸ばしていくとともに，学習意欲の向上を図るという改訂の趣旨を反映し，学習指導と学習評価の一体化をさらに進めていくため，学力の3つの要素を踏まえて評価の観点を整理する」ことにしたという。すなわち，「現在の評価の4観点と学力の3つの要素との関係では，教科によって違いはあるものの，『知識・理解』と『技能・表現』が基礎的・基本的な知識・技能を，『思考・判断』が知識・技能を活用して課題を解決するために必要な思考力・判断力・表現力等を，『関心・意欲・態度』が主体的に学習に取り組む態度を，それぞれ踏まえているものとしておおむね整理ができると考えられる」というのである。

では具体的にどうするのか。どのようになるのであろうか。

まず，「新しい学習指導要領においては，思考力・判断力・表現力等を育成するため，基礎的・基本的な知識・技能を活用する学習活動を重視するとともに，論理や思考等の基盤である言語の果たす役割を踏まえ，言語活動を

充実することとしている。これらの能力を適切に評価し，一層育成していくため，各教科の内容等に即して思考・判断したことを，その内容を表現する活動と一体的に評価する観点（以下『思考・判断・表現』という）を設定することが適当である」という。そして，とりわけ"表現"を加えて示した理由に関しては，「単に文章，表，図に整理して記録するといった表面的な現象を評価するものではなく，例えば，自ら取り組む課題を多面的に考察しているか，観察・実験の分析や解釈を通じ規則性を見いだしているかなど，基礎的・基本的な知識・技能を活用しつつ，各教科の内容等に則して思考・判断したことを，記録，要約，説明，論述，討論といった言語活動等を通じて評価するものであることに留意」したからというのである。だから，また，「学習指導要領の音楽，図画工作，美術の各教科において示す領域の一つであり，歌唱，器楽，絵，デザイン等の指導の内容を示す『表現』とは異なるものである」という。

　このようなため，「新しい学習指導の下における評価の観点について，基本的には，基礎的・基本的な知識・技能については『知識・理解』や後述する『技能』において，それらを活用して課題を解決するために必要な思考力・判断力・表現力等については『思考・判断・表現』において，主体的に学習に取り組む態度については『関心・意欲・態度』においてそれぞれ行うこととして整理する」ことになるという。

　なお，「技能」に関していえば，次のように考えよという。すなわち「今回，……『技能』は，各教科において習得すべき技能を児童生徒が身に付けているかどうかを評価するものである。教科によって違いはあるものの，基本的には，現在の『技能・表現』で評価している内容は引き続き『技能』で評価することが適当である。……なお，今回，各教科の内容等に即して思考・判断したことを，その内容を表現する活動と一体的に評価する観点として『思考・判断・表現』を設定することから，当該観点における『表現』との混同を避けるため，評価の観点の名称を『技能・表現』から『技能』に改めること」にしたという。

　他方，"主体的に学習に取り組む態度を養う"であるが，これについては，

「関心・意欲・態度」として学習評価を行うこと，そしてそれは「各教科が対象としている学習内容に関心をもち，自ら課題に取り組もうとする意欲や態度を児童生徒が身に付けているかどうかを評価するものである」としている。

第2項　4観点とその根拠

　今回の評価の観点は，基本的には，基礎的・基本的な知識・技能が「知識・理解」及び「技能」に，思考力・判断力・表現力等の育成が「思考・判断・表現」に，主体的に学習に取り組む態度が「関心・意欲・態度」にそれぞれ観点化されていると考えられる。そして，『報告』に「新しい学習指導要領においても『生きる力』の理念を引き継いでいること等にかんがみれば，現在の評価の観点を大きく見直す必要はない」というように，従来の評価の4観点と今回の4観点との間には基本的な違いはないといわれている。

　しかし，本当にそう考えてよいものであろうか。筆者は，現在の能力分析的観点からすればやや後退の感は否めないと思う。その理由として，以下のような諸点をあげたい。

【1】中央教育審議会『答申』（平成20年1月17日）にある今回の学習指導要領に変える際の基本的な考え方としての「(3) 基礎的・基本的な知識・技能の習得」と「(4) 思考力・判断力・表現力等の育成」との関係についてである。すなわち，これら両者の関係として，①知識・技能に「基礎的・基本的」なものと「活用的なもの」ないし「思考力・判断力・表現力等」を育成するものとがあるのか（知識の二元論），②それとも知識・技能の「習得」と「思考力，判断力，表現力を育成する」方法とが別々に存在するのか（方法の二元論），という点が問題となろう。

　ところが，この点について，『報告』は正面から議論していないように思われる。『報告』は，この問題について，「従来の評価の4観点の枠組みを基盤としつつ，基礎的・基本的な知識・技能の習得とこれらを活用する思考力・判断力・表現力等をいわば車の両輪として相互に関連させながら伸ばしていく」というのみである。"車の両輪"というとき，一方は知識で，他方

は方法であるというようなことがあるだろうか。一方が基礎的・基本的知識・技能であれば（あるいは習得という方法），他方は思考力・判断力・表現力等の活用的な知識・技能でなければならない（あるいは思考・判断・表現等という方法）であろう。

　つまり，知識を二元的に見るか，あるいは方法論的に二元論に立つかの議論はしていない。ただ一つは基礎的・基本的な知識・技能の習得から，今ひとつはそれらを活用する思考力・判断力・表現力等の育成という点から，それぞれ評価の観点を導き出したという。

　さらにこれらに，「関心・意欲・態度」が加わるが，それは主体的に学習に取り組む態度を学力の要素としているからだという。

　このような観点の異同について，『報告』は「生きる力」の理念を引き継いでいるのだから，「現在の評価の観点を大きく見直す必要はない」という。しかし，その観点の出所としては，むしろ学ぶ力を中心とした子どもの能力分析的観点ではなく，むしろ"学力三つの要素"に表されるように，教師中心，教科の目標・内容中心の内容分析的観点に移動したのではないかと思われる。同じ「生きる力」といいながら，その在り方や内容が微妙に変化しているといえよう。

【2】評価の観点の示し方として，『報告』が「ここに示す評価の観点の順序が学習指導の順序と必ずしも結び付けられるものではない」としていることも，やや後退の感を与えるのである。ここにいう「学習指導」の何たるかは書いていない。もし「学習指導の順序」が前回の四つの評価の観点を指すのなら，すなわち「関心・意欲・態度」→「思考・判断」→「技能・表現」・「知識・理解」とするなら，今回の評価の観点の順序は一体何から導き出されたのであろうか。

　『報告』は，このような評価の観点の順序は「学習指導の順序と必ずしも結び付けられるものではない」というのみで，必ずしも評価の観点の順序については明言していない。なのに，なぜ「関心・意欲・態度」が最初で，「知識・理解」が最後に示されているのであろうか。

　既に本章第2節で，現行の評価の4観点は，大人中心の"内容分析的観

点"から移動し，学習者中心の"能力分析的観点"へと転換した結果であることを詳述した。「学習」観でいえば，学習活動は一定の「関心・意欲・態度」に支えられ，「思考・判断」し，その結果として「知識・理解」及び「技能・表現」を身に付ける，このような活動の連続的展開であるといった見方が示されたのである。ところが，このような明示が今回の『報告』や，通知文にはみられないのである。ただ，示した「評価の観点の順序が学習指導の順序と必ずしも結び付けられるものではない」というのみである。

【3】現行の評価の4観点が明示されたとき，〈国語と外国語活動〉，〈音楽，図画工作・美術〉においても何も言及のないまま，(むしろこれらの教科にも当然能力分析的観点があてはめられるものと一般には受け止められたが)，評価の観点が掲載されていた。ところが今回は，わざわざ「(5) 各教科における評価の観点に関する考え方」として「各教科」と「国語や外国語」及び「音楽，図画工作，美術」を取り出し，言及しているのである。その方が読者とか評価する者等にとって"気持ちの整理"がしやすかったりするのかも知れない。しかし，反面では，これらの教科は御しにくい，ないしは特別扱いということを『報告』書自体が認めることになる。これらの教科にはいわば免罪符を与えたのだというのと等しい。

　一体，なぜこのような見方や結果をしなければならなかったのであろうか。一方には各教科一般があり，他方には同じく教科としての国語・外国語，音楽，図画工作・美術とがある。そして，その教科一般と，他方の国語・外国語，音楽，図画工作・美術とにおける評価の観点は，たとえ「生きる力」の育成にあるとはいえ，別々のものであるといった見方が提出されている。一体なぜであろうか。

　以上の三つの点から，筆者は，たとえ『報告』が「現在の評価の観点を大きく見直す必要はない」というにもかかわらず，今回の新しい評価の観点に関しては"やや後退"の感は否めないと思う。

第3項　各教科における評価の4観点の展開

　各教科ごとに，新たな観点（「関心・意欲・態度」「思考・判断・表現」

「技能」「知識・理解」）を整理して示すと，以下のようになる。なお，既に言及したように，国語や中学校の外国語活動，それに音楽，図画工作・美術の評価の観点は異なっていること——しかも，それらの評価の観点は，いわば免罪符をもらうかのように，別の記述がされ，それ以外の教科とは別扱いとされていることに気付かれることであろう。

小学校における各教科の評価の観点

改　正（平成22年）	現　行（平成13年）
国　語	国　語
国語への関心・意欲・態度 話す・聞く能力 書く能力 読む能力 言語についての知識・理解・技能	国語への関心・意欲・態度 話す・聞く能力 書く能力 読む能力 言語についての知識・理解・技能
社　会	社　会
社会的事象への関心・意欲・態度 社会的な思考・判断・表現 観察・資料活用の技能 社会的事象についての知識・理解	社会的事象への関心・意欲・態度 社会的な思考・判断 観察・資料活用の技能・表現 社会的事象についての知識・理解
算　数	算　数
算数への関心・意欲・態度 数学的な考え方 数量や図形についての技能 数量や図形についての知識・理解	算数への関心・意欲・態度 数学的な考え方 数量や図形についての表現・処理 数量や図形についての知識・理解
理　科	理　科
自然事象への関心・意欲・態度 科学的な思考・表現 観察・実験の技能 自然事象についての知識・理解	自然事象への関心・意欲・態度 科学的な思考・表現 観察・実験の技能 自然事象についての知識・理解
生　活	生　活
生活への関心・意欲・態度 活動や体験についての思考・表現	生活への関心・意欲・態度 活動や体験についての思考・表現

第2章　各教科の評価の観点とその異同

身近な環境や自分についての気付き	身近な環境や自分についての気付き
音　楽	音　楽
音楽への関心・意欲・態度 音楽表現の創意工夫 音楽表現の技能 鑑賞の能力	音楽への関心・意欲・態度 <u>音楽的な感受や表現の</u>工夫 表現の技能 鑑賞の能力
図画工作	図画工作
造形への関心・意欲・態度 発想や構想の能力 創造的な技能 鑑賞の能力	造形への関心・意欲・態度 発想や構想の能力 創造的な技能 鑑賞の能力
家　庭	家　庭
家庭生活への関心・意欲・態度 生活を創意工夫する能力 生活の技能 家庭生活についての知識・理解	家庭生活への関心・意欲・態度 生活を創意工夫する能力 生活の技能 家庭生活についての知識・理解
体　育	体　育
運動や健康・安全への関心・意欲・態度 運動や健康・安全についての思考・判断 運動の技能 健康・安全についての知識・理解	運動や健康・安全への関心・意欲・態度 運動や健康・安全についての思考・判断 運動の技能 健康・安全についての知識・理解

※下線部は今回見直した部分。

中学校における各教科の評価の観点

改正（平成22年）	現行（平成13年）
国　語	国　語
国語への関心・意欲・態度 話す・聞く能力 書く能力 読む能力	国語への関心・意欲・態度 話す・聞く能力 書く能力 読む能力

言語についての知識・理解・技能	言語についての知識・理解・技能
社 会	社 会
社会的事象への関心・意欲・態度 社会的な思考・判断・表現 資料活用の技能 社会的事象についての知識・理解	社会的事象への関心・意欲・態度 社会的な思考・判断 資料活用の技能・表現 社会的事象についての知識・理解
数 学	数 学
数学への関心・意欲・態度 数学的な見方や考え方 数学的な技能 数量や図形についての知識・理解	数学への関心・意欲・態度 数学的な見方や考え方 数学的な表現・処理 数量，図形についての知識・理解
理 科	理 科
自然事象への関心・意欲・態度 科学的な思考・表現 観察・実験の技能 自然事象についての知識・理解	自然事象への関心・意欲・態度 科学的な思考 観察・実験の技能・表現 自然事象についての知識・理解
音 楽	音 楽
音楽への関心・意欲・態度 音楽表現の創意工夫 音楽表現の技能 鑑賞の能力	音楽への関心・意欲・態度 音楽的な感受や表現の工夫 表現の技能 鑑賞の能力
美 術	美 術
美術への関心・意欲・態度 発想や構想の能力 創造的な技能 鑑賞の能力	造形への関心・意欲・態度 発想や構想の能力 創造的な技能 鑑賞の能力
保健体育	保健体育
運動や健康・安全への関心・意欲・態度 運動や健康・安全についての思考・判断 運動の技能	運動や健康・安全への関心・意欲・態度 運動や健康・安全についての思考・判断 運動の技能

運動や健康・安全についての知識・理解	運動や健康・安全についての知識・理解
技術・家庭	**技術・家庭**
生活や技術への関心・意欲・態度 生活を工夫し創造する能力 生活の技能 生活や技術についての知識・理解	生活や技術への関心・意欲・態度 生活を工夫し創造する能力 生活の技能 生活や技術についての知識・理解
外国語	**外国語**
コミュニケーションへの関心・意欲・態度 <u>外国語</u>表現の能力 <u>外国語</u>理解の能力 言語や文化についての知識・理解	コミュニケーションへの関心・意欲・態度 表現の能力 理解の能力 言語や文化についての知識・理解

※下線部は今回見直した部分。

第4項　外国語における評価の観点

　小学校「外国語活動」について，『報告』書は「平成20年1月17日の中央教育審議会答申において，数値による評価にはなじまないとされていること等を踏まえ，現在，『総合的な学習の時間』の評価において行われているような，評価の観点を設定し，それに即して，文章の記述による評価を行うことが適当である」といっている。しかもその際「評価の観点は，中・高等学校における外国語との連続性に配慮して設定する必要がある。具体的には，学習指導要領に定める『外国語活動』の目標，すなわち言語や文化に関する体験的な理解，コミュニケーションを図ろうとする態度，外国語の音声や基本的な表現に慣れ親しむことについて観点を設定し，学習評価を行うことが適当である」としている。

　評価の観点として，外国語活動の目標，すなわち言語や文化に関する体験的な理解，コミュニケーションを図ろうとする態度，外国語の音声や基本的な表現に慣れ親しむこと等が例示されている。

そして，平成22年5月11日の『通知』では，以下のようなフォーマットが例示されているのである。

外国語活動の記録		
観点＼学年	5	6
コミュニケーションへの関心・意欲・態度		
外国語への慣れ親しみ		
言語や文化に関する気付き		

教科一般では「生きる力」の育成からというのに，こと外国語活動に関しては評価の観点は「教科の目標」から例示されたというのである。

第5項　総合的な学習の時間における評価の観点

総合的な学習の時間の評価に関しては「各学校が自ら設定した目標や内容を踏まえて観点を設定し，それに即して文章の記述による評価を行っており，新しい学習指導要領下でも現在の評価の在り方を維持することが大切である」「なお，新しい学習指導要領では，総合的な学習の時間の目標にそって育てようとする資質や能力の視点等を例示しており，このような視点に配慮して各学校において評価の観点を定めることも考えられる」とある。

そして，『通知』では，以下のようなフォーマットが例示されている。

総合的な学習の時間の記録		
学年	学習活動	観点	評価
3			
4			
5			
6			

中央教育審議会の『報告』(平成22年3月24日)では「新しい学習指導要領では,総合的な学習の時間の目標にそって育てようとする資質や能力の視点等を例示しており,このような視点に配慮して各学校において評価の観点を定めることも考えられる」とある。

これを「通知」文でみると,次のような評価の観点の例示内容がみられる。すなわち,「小(中)学校学習指導要領等に示す総合的な学習の時間の目標を踏まえ,各学校において具体的に定めた目標,内容に基づいて定める。その際,例えば,『よりよく問題を解決する資質や能力』,『学び方やものの考え方』,『主体的,創造的,協同的に取り組む態度』及び『自己の生き方』等と学習指導要領に示す総合的な学習の時間の目標を踏まえて定めたり,『学習方法に関すること』,『自分自身に関すること』及び『他者や社会とのかかわりに関すること』等の視点に沿って各学校において育てようとする資質や能力等を踏まえて定めたりすることが考えられる。また,教科との関連を明確にし,総合的な学習の時間の学習活動にかかわる『関心・意欲・態度』,『思考・判断・表現』,『技能』及び『知識・理解』等と定めることも考えられる」と。

筆者は，これら例示のうち，第三というか，「教科との関連を明確にし」た観点として「関心・意欲・態度」「思考・判断・表現」「技能」及び「知識・理解」を採りたいと思う。
　第一の例示，第二の例示は，ともに，総合的な学習の時間の目標から割り出された観点であり，どうして総合的な学習の時間のみ内容分析的観点が主流であった昭和55年体制に戻ろうとするのかという筆者の疑問の解決を与えてくれない。このため，第一および第二の例示は避け，第三の"教科との関連を明確にした観点"を採用したいと思う。
　なお，この例示のうちの第二たる「学習方法に関すること」「自分自身に関すること」「他者や社会とのかかわりに関すること」という視点は，平成20年の学習指導要領の第5章（中学校は第4章）の「指導計画の作成と内容の取扱い」の（4）において取り上げられている。すなわち，「育てようとする資質や能力及び態度については，例えば，学習方法に関すること，自分自身に関すること，他者や社会とのかかわりに関することなどの視点をふまえること」という規定としてである。
　この規定をなぜ筆者は評価の観点として排するのか，その詳細を検討しよう。
　学習指導要領の総合的な学習の時間の解説によれば「中央教育審議会の答申では，育てようとする資質や能力及び態度として，『学習方法に関すること』（例えば，情報を収集し分析する力，わかりやすくまとめ表現する力など），『自分自身に関すること』（例えば，自らの行為について意思決定する力，自らの生活の在り方を考える力など），『他者や社会とのかかわりに関すること』（例えば，他者と協同して課題を解決する力，課題の解決に向けて社会活動に参加する態度など）といった三つを例示している」とある。つまり，解説は何よりもこれら三つが中教審に規定される資質・能力・態度であるという理由を挙げている。しかし同時に「この三つはあくまでの例示であり，各学校において設定していた資質や能力及び態度を見直す際の参考にしていくことが重要である」ともしている。
　これら三つは"視点"，つまりは各学校における育てたい資質や能力・態

度である。もっといえば，これらは各単元において身に付けるべき資質・能力・態度であり，結局はねらいと変わらない。そして，ねらいとするなら，同時に示されている第一の事例，すなわち「よりよく問題を解決する資質や能力」「学び方やものの考え方」「主体的，創造的，協同的に取り組む態度」「自己の生き方」と一体どこがどのように違うかを明らかにしなければならない。また，視点といい，ねらいから具体化したものとするなら，一体ねらいから観点を定めた昭和55年体制とはどう違うのか，なぜ総合的な学習の時間が逆戻りするのか。筆者は，これら三つの視点を新たな観点にすえるといういき方は感心しないのである。

第3章

評価の形態

第1節 相対評価の発生と展開

第1項 「試験」制度の廃止

　前述の指導要録との関連からいえば，小・中学校においては，昭和23年，24年及び昭和30年の改訂においては「相対評価」が採用され，昭和36年，昭和46年，昭和55年の改訂においては「絶対評価を加味した相対評価」が採用された。平成3年の改訂においては「観点別学習状況」は絶対評価，「評定」は絶対評価を加味した相対評価であったが，平成13年の改訂から今日においては絶対評価一本となっている。しかし現在，たとえ指導要録上はこのようではあっても，一般の人々にとって「相対評価」への関心は根強く，評価といえばこの相対評価を意味しさえする。

　では，このような相対評価はいつ頃から，どのようにして生起したのであろうか。中内氏によれば，それは直接的にはアメリカから輸入された「教育測定の運動」に端を発する動きであるとし，次のように述べている。すなわち，「日本に科学的な測定観念があらわれたのは，……大正新教育運動の開花期であった。この測定観念は最初から管理的性格が強く，しかもそれは，生まれたというよりも，移されてきたものであった」（中内敏夫『学力と評価の理論』国土社，1971，p.161）。

　では，大正期以前はどうであったのだろうか。この点を追い求めてゆくと，わが国の「学制」にまでさかのぼる必要がある。

　すなわち，「学制」期からしばらくは"等級制"が敷かれ（小学校を上・下二等に分け，各等の修業期間を四カ年と定めた。そして，上・下各等の課

程を八級に分け，半年ごとに進級することにした。最後は第一級で卒業とした。），等級から等級へ進むための合否判定の方法として「学業試験」が課された。なお，上等，下等それぞれの修了時には「大試験」が課されていた。

　つまり，「等級」は現在でいう「学級」とは異なっていた。この学級が法制上確定したのは1891年の文部省令であるが，しかし「試験」は依然として続いていたようである。もちろんそうはいってもその試験は，最早等級時代の機能とは異なっており，合格したものが次の等級へ進むというためのものではなかった。それぞれの学級内で成績評価を行い，この結果によって各学年の課程修了，もしくは全教科の卒業を認定するようになったのである。

　ところで，1900（明治33）年8月，文部省は改正教育令（第三次小学校令）公布と同時に「小学校施行規則」（省令14号）を制定して教育課程行政の在り方を示した。以後（もっとも1903年及び1907年に小学校令の一部改正に伴う教則改正をみたが），この「小学校施行規則」が国民学校令下の施行規則に至るまでわが国初等教育の在り方を規定するものとなった。この中で，卒業認定のための「試験」制度は廃止され，代わって「平素の成績を考査して……」となったのである（天野正輝『教育評価史研究』東信堂，1993，p.117）。

　その実態はというと，天野氏によれば，各府県師範学校附属小学校の特徴により「考査は，学級担任の手により平素（教育作用進行中）及び学期内数回の調査により評定する。成績は点数（十点法）をもって調査し，標語（甲乙丙丁）をもって評点とすること，各科四点以上，全科平均五点以上を卒業，修了の標準とし，通信簿には標語で記入すること，といった内容である」（同上書，p.119）というものであった。それゆえ，「試験判定制度を廃止した結果，学力が低下したという指摘は多い」（同上書，p.120）という。

　ところがこの「考査」について，天野氏によれば，「考査の日常化は，評価行為の自覚化をもたらし，試験のもつ従来の弊害を減ずることに効果はあったが，評価の客観性への関心や追求は稀薄であった。しかし，30年代から40年代初頭にかけて，実験教育学や知能測定法の影響もあって，『教育効果の測定』が論じられ，測定における『標準』設定に必要が説かれるように

なってきている。たとえば，木村他『成績考査之標準』(1910) では，各教科の考査標準を詳細に定めている。考査法のもつ『不公平さ』つまり教師の主観性を排除するための関心や努力も生まれてきている。やがて，教育効果の客観的判断を求める理論と方法の改革であるアメリカの測定運動（educational measurement movement）の成果が，わが国に導入される土壌がつくられつつあった」（同上書，p. 121）。つまり「考査」により，それまでの弊害を減ずる効果はあったが（例えば知育偏重教育の是正，過度の受験競争などの減少），その考査（試験も含め）はどうしても教師の主観性を除外することはできない。つまりは"評価の客観性"という面で問題があったというのである。

　同様な問題点のあることを，違った側面からみると，例えば続氏は次のように解説している。すなわち，「……教育測定運動が起こってきた背景としての，旧来の試験法のどこが悪かったのであろうか。この点については，多くの書物に述べてあるが，田中の述べているところを誌してみよう。第一に，教師の評点には普遍妥当性がないこと，つまり旧来の試験法の採点は主観的であるという点が指摘されている。……スターチとエリオット（Starch, D. & Elliott, R. M.）が，同一の英語の答案を142名の教師に採点させたところ，100点満点で98点から50点までの点がつけられたこと，同様に幾何の答案に対して，114名の教師の採点が92点から28点までに散ったことは，上述の欠点を如実に示している。……

　第二に，旧来の試験法は，診断的でない点が指摘されている。……総体として標語や点数が与えられても，生徒の学力を分析し診断する役には立っていなかったわけである。言わば，評点のための評点をつけているに過ぎない。……

　第三に，試験結果を解釈するのに，拠るべき標準がないことが指摘されている。問題が異なれば，相互に比較できないし，比較を断念したにしても，ある問題に対してある答案が出たとして，それが一般に優れたものかどうかの判定ができないというのである」（続有恒『教育評価』第一法規，pp. 188-189）と。

第2項　教育測定運動の導入と展開

　天野氏によれば，「第一次大戦後の評価研究の成果として先ず注目されるのは，初等教育研究雑誌『小学校』21巻12号（臨時増刊，1916年9月）に発表された『小学校に於ける成績考査の研究』である。……選考者の一人市川の総括的論考は，……その中で，彼は，成績考査の研究と実際には，多くの場合，各教科について考査要項が列挙されているが，『各要項の如何なる程度を以て及落を判じ優劣を定むべきか，所謂考査の標準如何』という問題が追求されていないことを指摘している。そして彼は，標準のつくり方として絶対基準と階級基準（優劣を定める尺度）とを挙げ，『ソーンダイクやカーチスなどの定めた優劣の標準尺度（Standard scale of excellence）というもの』を紹介した。次いで『評点標語の問題』として，『優甲乙丙劣の五段階』を採用したいとし，『その論拠は蓋然の法則にある』と述べて，それを正常分配曲線で示した。そして，これを『点法』に配当すれば『劣は七点前後，丙は三〇点前後，乙は五〇点前後，甲は七〇点前後，而して優は九〇点前後で，劣は落第』であるとした。市川は，この時すでに五段階相対評価を，評価の客観性を確保する有効な方法として提案していたことは注目される」という（天野正輝『教育評価史研究』，pp. 171-172）。

　では，このような評価の客観性を求め，正常分配布曲線による五段階相対評価の基礎となったアメリカのソーンダイクの考えはどんなことだったのであろうか。

　天野氏によれば，「この運動（教育測定運動）の指導者の一人がソーンダイク（E. L. Thorndike）であり，彼の著書『精神的社会的測定学序説』（1904年）はこの運動にとって画期的役割を果たした。1918年の論文『教育成果の測定の本質と目的と一般的方法』の中で述べられた次の主張は，学力も測定可能であり，数量化可能であることを導き出すもとになった。『全て存在するものは，何らかの量において存在する。それを完全に知るということは，その質のみならず量をも知ることを意味する。教育は人間の変化に関することである。変化は二つの状態の間の相違である。これらの状態の一つ

一つは，それらによってつくられた結果によってのみわれわれに知られうるものである。』」ということになる（同上書，p.208）。すべて存在するものは（例えば学力は）何らかの量において存在するので，測定可能であり，また数量化可能である。教育の前と後における効果等は，教育によりつくられた結果，すなわち数量化することによってのみ知ることができるといった主張であるといえよう。

　そして，この考えが教育測定運動へと広がるのであるが，中内氏は「測定運動のなかで次第に形をととのえてきた『相対評価』という考え方」があり，その「もっとも代表的なのは『標準テスト』の考え方である。最初の標準学力テストは，1908年，ストーンによってつくられたが，測定運動のなかでたちまちひろがり，約二十年間で千三百種が発表された」（中内敏夫『学力と評価の理論』，p.147）。

　天野によれば，「ストーン（C. W. Stone）は1908年に，コーチス（S. A. Courtis）は1909年に相ついで算数の標準テストを作成し，ソーンダイクも1909年に書字スケールを公表している」。また，「知能を測定するための知能テストは1905年，フランスのビネー（A. Binet）とその弟子シモン（T. Simon）によって初めて作成され，これが1908には改善され，この時精神年齢（MA）という概念も導入された。ビネー・テストを輸入したアメリカでは，ターマン（L. M. Terman）によってその標準化が完成した。1917年アメリカが第一次世界大戦に参戦するに及びオーチス（A. S. Otis）らによる団体知能テスト（軍隊テスト）が考案され，学力の標準テストとならんでテストの広がりに拍車をかけることになった」のである（天野正輝，同上書，p.209）。

　ところで，先の市川の結論，すなわち「点法」は教育測定運動においてどのようになったのであろうか。わが国では，「彼（ソーンダイク―筆者注）は，学力測定の科学性，客観性の根拠を，物理現象の測定のような直接的な尺度によってではなく，ある一定の集団の中での個人の相対的な位置関係においた。つまり彼らは学力の科学的測定の根拠を規準（ノルム）からの偏差に求めたのである」（天野正輝，同上書，pp.208-209）という。今少し，こ

第3章　評価の形態

の点を補足すれば，次のようになる。すなわち，わが国の教育測定運動に指導的な役割を果たした田中らは，その著『学業成績』（田中寛一・丸山良二著，1934）において「考査簿に記入する評点の分配として『標語に応ずる頻度の割合は，凡そ次のような標準によるがよい』と述べて五段階相対評価ともいうべき方式を示していた」という（天野正輝，同上書，p. 215）。

| 頻度 | 7％ | 24% | 38% | 24% | 7％ |
| 標語 | 甲 | 乙 | 丙 | 丁 | 戊 |

　もっと厳密にいえば，ガウス曲線ということであろうが，それに関して中内氏はいう，「もともと，子どもの学力の評定にガウス曲線を利用するという評価方法はどういう目的で発案されたのであろうか。答えは，この方法を天才の段階づけを行うために最初に利用したゴルトン自身が，はっきり書いている。『わたくしはこの同じ法則を，人間の心的能力のうえに適用した。すなわち，逆にこの法則を用いて能力の尺度をえ，それによってわたくしの用いた能力を表すコトバに精密な意義をあたえようとしたのである。』つまり，人間能力測定のための尺度を客観的に設定し，その評点（標語）に普遍的意味をもたせることが目的だというのである」（中内敏夫，同上書，p. 155）。

　この「ガウス曲線利用の相対評価は，一見，中立的なものにみえても，じつは，そういう，もののみかたの近代的転回の結果でてきた，神と断絶されたものという人間についてのイメージ，そしてそれに伴う，学力は不可知で教育的価値は相対的なものであり，その各ランクへの到達は各人の機械的で非情な競争によって保証されるものだという，学力と価値と社会についての決定論的観点を承認してはじめて，整合性をもつにいたる評価方法だということになる。いいかえれば，……ガウス曲線に基づく相対評価は，科学の名をかたった発展のさまたげになるということである」（同上書，pp. 157-158）。

　あるいは，多くの引用の後，このソーンダイクの考え方の中に教育測定の性質を考察する重要なポイントがあるとして，続氏はそれを次の三つに整理

している。これらの指摘の中に，なぜ教育測定運動は問題なのか，それはどんな問題点をもっているかといったいわば教育測定運度に対する批判が込められているように思われる。そこで，この三つの整理を紹介すると，次のようである。すなわち，「第一に，教育測定は，教育の研究者のおこなうものであるということである。……研究者の彼方に学校というものがあって，……そこで教育が行われている。その成果をとり上げて，公正に客観的に科学的に分析，測定しようというのである。……しかし，成果を示した被教育者そのものたちに役立つかどうかは大きな疑問である。……第二に，教育の成果を，自然科学流に測定する対象とするとき，測定の次元は無数にあり，結局，『多くの要素に細分され』その一つ一つの要素について測定していくことになる。……しかし，教育は第三者的立場から，その生みだした成果だけを問題にして，それで改革進歩するものではない。何といっても，教育は第一者（教える者）と第二者（教えられる者）との間に展開する事象であって，第三者がその展開する力制のなかに介入できる余地はない。まして，客観的科学的測定を振りかざしては，到底，直接介入は成立しない。それはあたかも，夫婦喧嘩の生産物を測定する『科学者』と同様である。第三に，ソーンダイク自身が述べているように，測定は部分的であり抽象的である。……しかし，そうすることによって，教育成果だけに限って考えるにしても，その教育成果は，次第に教育との関連を失い，最後には，単に人間行動の一面を測定しているのと異ならないことになってしまう。とにかく，当時の教育測定学者たちは，その人間行動といったもの，しかも，感覚や知覚や簡単な筋肉運動だけでなく，より複雑な行動をも，測定していくことができる，という可能性の証明に夢中になっていたのではないか，……と疑われるのである」（続有恒『教育評価』，pp. 190-191）。

第3項　相対評価からの転換

しかしやがて，このような教育測定運動における"相対評価"の考え方は批判されるようになる。よくいわれる"自分はがんばったのだが，結果はまた同じであった"という声も，ある意味では批判を物語っているといえよ

う。一体，なぜこのような客観的な，科学的な方法としての測定運動が批判されたのであろうか。

　中内氏によれば，この教育測定運動はアメリカでは1920年代からいろいろな人によってやがて批判されるようになる。例えば，「教育評価ということばが，評価もまた教育でなければならないという理念をになって生まれてくるのは，アメリカでは20世紀の20年代の後半からである。……アメリカの場合には，デューイ（『凡庸と個性』1923年，『児童とカリキュラム』1902年），ホプキンス（『進歩的教育とはなにか』1903年，『インテグレーション』1937年，『インタラクション』1941年），ユーリッチ（『生徒特性の報告』1938年）などがにない手であり，その教育評価の原理と方法の基本は，タイラーが指導した『八年研究』（1933-1941年）に集約されている」という（中内敏夫，同上書，pp.150-151）。

　そして，その要点を整理して示せば，次のようになるという。すなわち，「（一）『測定は統一とか外的な統制とか』を『重視する』というのが『八年研究』グループが測定主義を批判した理由の一つであった。……評価は，教育の外に目的をおいた標準の維持による社会的統制とか，特定の立場からの生徒の選抜とかではなくて，個々の『教育機関』，『生徒個人』に即してその改善や発達を内在的に助けてゆくことを目的とすべきである。評価は，評点（標語）による学校や教師や子どもの外面的動機づけに精出するのではなく，……評価もまた教育でなければならない……」という批判が，一点目（同上書，p.151）。

　「（二）『教育は人間の行動の型を変えようとする過程である。』だから，子どもの要素的な知識だけでなく，それらを『組織する仕方』も問題になり，この部分も『評価さるべき重要な様相である。』……だのに測定主義は，教育は『博学』であるという『流行おくれ』の教育学，人間の心は諸要素の束だという前世紀の心理学を暗黙の前提にして成り立っているため，この『評価さるべき重要な様相』を無視している。……『測定ではその強調点が学業成績の単一な局面や特殊な技能や能力におかれているが，評価は学業成績だけでなく，態度，興味，理想，考え方，作業，習慣，個人の社会的適応をも

含む。』(モンロー『教育研究事典』1950年) という定義が定着するようになった……」という批判が, 第二 (同上書, pp. 152-153)。

「(三) 教育の目的は, 児童の変革にあるから,『評価はこれら変化が実際どの程度おこりつつあるかを見出すための過程』でなければならない(『八年研究』)。……ところが『客観テストは, 学習の終局の結果について, ただ, 瞬間的な横断的な姿を示してくれるにすぎない。』」という批判が, 三点目である (同上書, p. 153)。

天野氏によれば,「多くの教師たちは, 授業の場面や指導要録, 通知表において支配的であった五段階相対評価方式のもつ問題性をみぬいていたが, それは次のようなことであった」といい, それを次の4点にまとめている。すなわち,「①　正規分布曲線は, 自然現象の, 多数のアトランダムの集合を対象とした場合にあてはまるものであって, 学級, 学校という少人数の, しかも意図的計画的であることを本質とする教育活動にあてはめようとしたところに教育理論としての誤りがある。②　一人ひとりの子どもの学習がどんな成果をあげたか, どこでどんなつまずきをしているかを明らかにすることができない。③　一人が上がれば一人が下がるという評価方式であり, 子どもの間に順位争いを激しくする。④　何十人かの児童・生徒がいるとき, そこには必ず『できる子』と『できない子』がおり, しかもそれが正規分布にしたがって配分されるという考え方の基礎には, 子どもの能力の素質決定論, 自然成長的発達観がひそんでいる」と (天野正輝『カリキュラム開発と評価』晃洋書房, 2000, p. 58)。

第2節　絶対評価の展開

第1項　第二次世界大戦後の絶対評価の展開

戦前の「試験法」ないし「考査」と関連して述べてきたことは (前節参照), いわば絶対評価の第一の特質とされていることである。つまり, あらかじめ評価の基準を"絶対的に"決めておくわけであるが, それが教師の主

観性の強いもので，教師それぞれが頼るものといえば自分の経験や勘以外にはないというものであった。このような点が批判され，やがてアメリカの教育測定運動にみられる評価の特質が，評価の"客観性""科学性"の下で注目された。ところがこのような相対評価の在り方が問題とされ，これに代わる新たな方法として登場したのが，ここで扱う評価の在り方である。

このため，戦後の絶対評価においても，相対評価を支えているような評価の"客観性""妥当性"問題を抜きにすることはできない。ではこの問題はどのようになるのであろうか。

まず，ここで扱おうとする絶対評価の特質を再説すれば，次のようになるであろう。

すなわち，辰見氏によれば，「たとえば，ある児童が算数で70点をとったとしよう。……この70点を解釈するためには，規準が必要になってくる。その規準の求め方が二通りある。①教育目標自体にどの程度到達しているか，つまり，教育目標を規準にとって，その到達の度合いをもって，よしあしをきめてくる方法である。②その児童の所属する集団の成績を規準として，よしあしをきめてくる方法である」。そして，「①の解釈の仕方を絶対的解釈，②の解釈の仕方を相対的解釈と呼ぶ。この解釈ということばを評価とおきかえてみれば，絶対評価，相対評価という意味が明確になるであろう。近頃は，絶対評価を目標規準準拠解釈（criterion-referenced interpretation）とよび，相対評価を集団規準準拠解釈（norm-referenced interpretation）とよぶ理由がわかったと思う」という（辰見敏夫『教育評価の争点』教育開発研究所，昭和59（1984）年，p.38）。

では，具体的にどうなるか。

それについて，同氏は「①の立場で，70点を解釈する場合には，教師が，何点をとるところに目標をおいたかによって解釈が異なってくる。80点とればよい，という目標のもとでは，70点は目標に到達しない，ということになるから，それでは悪い，不満足ということになり，80点とれるまで，諸種の手段を用いて，指導をする必要がでてくるし，児童としては，80点とれるところまで再学習する必要がでてくる，ということになる。②の立場で70点を

解釈する場合には，たとえば，そのクラスの平均点を規準にして解釈することになるから，その平均点が60点である場合には，よいという解釈をすることになるし，平均点が90点である場合には，よくない，という解釈をすることになる。この場合，目標ということをあまり考慮せずに，そのよしあしをきめてくることになるから，教師も児童も具体的にどのような勉強をすればよいのかわからない，という解釈をすることになる」（辰見敏夫，同上書，pp. 38-39)。

さて，辰見氏のいうところによれば，絶対評価は「教育目標自体にどの程度到達しているか，つまり，教育目標を規準にとって，その到達の度合いをもって，よしあしをきめてくる方法である」（同上書，p. 38)。だから，「70点を解釈する場合には，教師が，80点とればよい，という目標を決めておけば，70点は目標に到達しないということになるから，それでは悪い，不満足ということになる」（同上書，pp. 38-39）というような評価であるといえよう。

現行，そして今後の評価（平成22年度以降）においては，例えば「現在行われている学習評価の在り方を基本的に維持し，その進化を図っていくことが重要である」とし，このため「各教科における児童生徒の学習状況を分析的にとらえる観点別学習状況の評価と総括的にとらえる評定については，目標に準拠した評価として実施していくことが適当である」（中央教育審議会『児童生徒の学習評価の在り方について（報告）』平成22（2010）年3月24日，p. 11）といわれるように，基本的には目標に準拠した評価（＝絶対評価）の考え方が取られている。

第2項　ポートフォリオ評価の活用

ポートフォリオと絶対評価

1980年代晩年から，アメリカにおいて，標準化されたテストに代わる新たな評価法としてポートフォリオ評価（portfolio assessment）が注目され，その開発が急がれることになった。そして，この動きがわが国にも輸入されている。このような動きは，いわゆる絶対評価の新たな動きとみることがで

きるのではないだろうか。

　ポートフォリオとは，元来，入れ物なり容器のことであるが，この容器の中にテスト以外の多様な評価資料を入れ，その個人がどんな経歴を経ながら今にいたっているか，その個人の学習の過程及び結果が分かるように集積していこうとして生まれた評価法である。

　いくつか定義をひろうと，例えば次のようである。

　「ポートフォリオとは，生徒が達成したこと及びそこに到達するまでの歩みを記録する学習者の学力達成に関する計画的な集積である。」（M. L. Tonbari and G. D. Borich, Authentic Assessment in the Classroom, Orentice-Hall, Inc., 1999, p.168.）

　「ポートフォリオとは，一人の生涯学習者としての生徒に関するより明瞭で，より完全な写真を作るために，分離した項目を結合するような生徒の学習の集積である。」（K. Burke, How To Assess Authentic Learning, IRI/Skylight Training and Publishing Inc., 1994, p.44.）

　「ポートフォリオとは，生徒の進歩に関する発達的描写である。」（J. Clemmons, L. Laase, D. Cooper, N. Areglado, M. Dill, Portfolio in the Classroom, A. Teacher's Sourdebook, Scholastic Professional Books, 1993, p.11.）

　このため，ポートフォリオには，テスト以外に極めて多様な評価資料・情報が入れられることになる。それまでの学習の過程や成果が分かる一切の資料が納められることになる。だからまた，このポートフォリオをみれば，その人のそれまでの学習の過程や成果におけるその人なりの強さや弱さ，よさ・進歩の状況などが一目瞭然になるといえよう。

　さらには，このポートフォリオに評価資料・情報が集積されればされる程，またそれらが正確であればある程，教師は，そこから次の指導の基礎となる諸情報に接し，その後の学習指導の手だてを生み出すことがより容易になるであろう。また，教師のみならず，児童生徒は自身に「自己の学習を記録していく過程の所有者」であり，「ポートフォリオの著者である」という意識を育て，「自己の学習についてますます反省的である」必要を学び，「単

に自己の学習について理解するのみでなく，自己の学習を評価する」ことができるように育つことになるであろう（J. Barton and A. Collins, ed., Portfolio Assessment: A Handbook for Educators, Dale Seymour Publications, 1997, pp.104-105.）。

あるいはこのポートフォリオを時に子どもに家に持ち帰らせ，親に報告し，また親等から意見・情報などをもらい（わが国でいえば，長年にわたる通知表等が考えられる），その結果を次の学習指導や学校運営等に生かしていくという保護者等への説明責任を果たす機会とすることもできる。

評価資料・情報の多様性

欧米はもちろん，わが国おいて，評価資料・情報として，伝統的に，「テスト」が有力なものであったことは間違いない。また，今日においてもテストは有力の評価の資料・情報となっているといえよう。

わが国で，評価資料・情報として多様なものを考えなければならないことを最初に教えたのは，新教科「生活」であった。すなわち，生活科は平成元年の学習指導要領の改訂により，小学校第1・2学年に新設された教科であるが，この教科の評価のために「知識・理解中心のペーパーテストよりも，チェックリスト，児童との対話，話し合い，発表，作文，作品」さらには，「行動の記録，座席表，授業記録の分析」や「自己評価の方法」，すなわち，「学習の過程や終末段階での話し合いや発表による自己評価，質問紙に答えさせる方法による自己評価，作文や作品の製作を通しての自己評価など」といった多様な方法を計画的・組織的に進めることの大切さが指摘されたのである（文部省『小学校　生活　指導資料　指導計画の作成と学習指導』大蔵省印刷局，平成2（1990）年，p.54）。学校へいくと，子どもから"ポートフォリオ"という声を聞くことが多くなったのも，このためであろう。

ところで，アメリカでは，わが国の生活科の誕生よりもずっと前から，そして生活科で指摘される以上に多種多様な評価資料・情報が考えられていたのである。ハートによれば，これらは大きく三つに分類可能であるという。すなわち「観察」（observation），「作業実績サンプル」（performance sample），そして「テストもしくはそれに類する方法」（test）である。以下，

第3章　評価の形態

これらの評価資料・情報源について検討したい。

「観察」による資料・情報群　ハートによれば，この「観察」資料は，「生徒の毎日の学習に関して，主に教師によって収集される情報」が該当することになる（D. Hart, Authentic Assessment: A Handbook for Educators, Addison-Wesley Publishing Company, 1994, p.14）。そして，この中には，「逸話記録法」，「チェックリスト法」，「質問項目法」，「評定尺度法」，「時間抽出法」，「場面抽出法」，「インタビュー」等が考えられている（高浦勝義『ポートフォリオ評価法入門』明治図書，2000, pp.55-60）。

次に，「作業実績サンプル」群は，ハートによれば「子どもの学習達成の証拠となるような触知できる作品」群を指すことになる（Ibid., p.14）。それらは実に多様な資料から構成されているが，次には，そのようなものとしてバークの紹介する資料・情報郡を図示したい。28種のものがリストされているが，この中には，前項の「観察」資料群も混在している（例えば13, 15, 16）（高

ポートフォリオに集積される評価資料・情報

1　宿題	17＊　メタ認知活動
2　教師自作の小問題やテスト	18　自己評価
3　生徒仲間の作った課題	19　ポートフォリオの内容についての教師や親への手紙
4　グループ作業（製作物や絵）	
5＊　学習記録	20　将来の目標についての陳述
6　問題解決記録	21　自由な写真（規準なしの）
7＊　学習の反省日誌	22＊　演説，競技，討論，歴史劇の演出などの遂行に関する描写
8　地域プロジェクト	
9　著述活動	
10　その過程を示すための著述作品の下書き	23＊　綴じるには大きすぎる個人やグループによるプロジェクトの写真
11　演説，読み，歌，質問の仕方に関する録音カセット	24　生徒が登録事項を記入した時と理由，及びそれを取り消した時を記入したり論じた登録簿ないし記録
12＊　図式構成図	
13　会議での質問	
14　態度や意見に関する質問紙	
15　他の子どもとのインタビュー	25　コンピュータのプログラム
16　観察チェックリスト（個人及び集団）	26　実験室での実験
	27　美術作業の見本（もしくは絵画）
	28＊作業遂行に関するビデオ

浦勝義『ポートフォリオ評価法入門』明治図書，2000, pp. 60-63)。

このリストの中から，図中（＊）のついた評価資料を紹介すれば，次のようである (K. Burke, Assess Authentic Kearning, IRI/Skylight Training and Publishing, Inc., 1994, pp. 55-127)。

「学習記録」(Learning log)，国語や算数・数学等に関する問題や課題，問題解決活動，化学実験場面での観察，教師の説明や読書についての質問，宿題，読んだ本のリスト等に関連して，子どもが残す比較的に短いが，より客観的な記述資料が該当する。

なお，これらに対して，感想や意見，個人的な経験等を物語風に記述する比較的に主観的なものとして，「反省日誌」(reflective journal) がある。

「作業実績」(Performance) は，子どもが真に何をすることができるかを判断するために，例えば化学実験をしたり，問題解決の仕方を弁護させたり，音楽会で独唱（独奏）したり，演説したり，新聞づくりをする等の活動をさせ，それらの作品を評価資料・情報として活用することが考えられる。

「プロジェクト」(Project) は，子どものコミュニケーション能力や問題解決技能，意思決定技能等の発達を診断するためによく用いられる手法であり，具体的には個人やグループで，学校内や家庭等で，例えば模型や地図を作ったり，絵やグラフを書いたり，切り絵をしたり，写真撮り，演劇，映画づくり，ビデオづくり等の諸活動が課されることになる。

「図式構成図」(Graphic organizer) は，事物・事象を系列化したり，比較対照したり，分類したりする諸技能，あるいは思考活動の様子を表現する

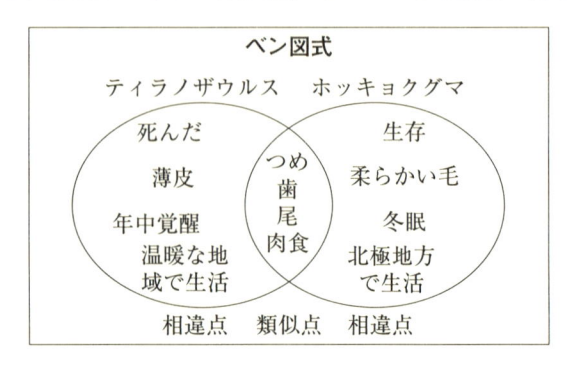

ベン図式

ティラノザウルス　　ホッキョクグマ

死んだ　　　　　　　生存
薄皮　　つめ　　　　柔らかい毛
　　　　歯
　　　　尾
年中覚醒　肉食　　　冬眠
温暖な地　　　　　　北極地方
域で生活　　　　　　で生活

相違点　　類似点　　相違点

第3章 評価の形態

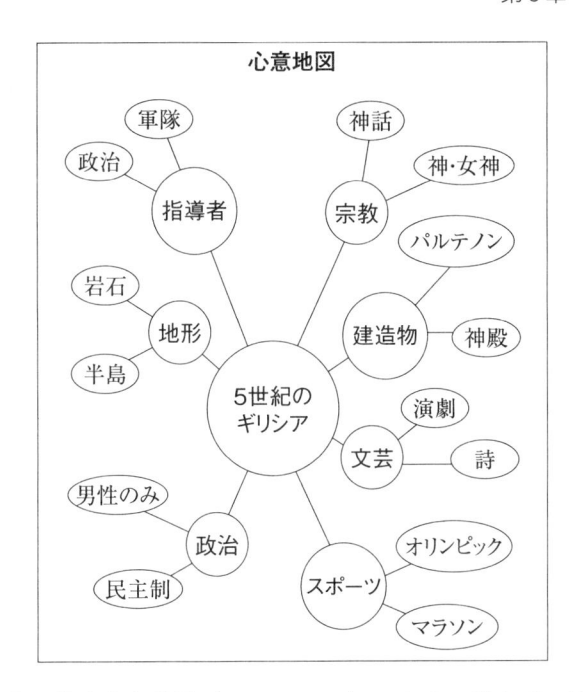

```
              心意地図
        軍隊        神話
   政治               神・女神
       指導者    宗教
                    パルテノン
   岩石
       地形      建造物   神殿
   半島
           5世紀の    演劇
           ギリシア  文芸   詩
   男性のみ
       政治      スポーツ  オリンピック
   民主制              マラソン
```

ために子どもが描く心意地図（mental map）である。例えば，以下参照。

「テスト情報群」，ハートによれば，このテスト情報群として，具体的には大きく三つの種類，すなわち「簡単な評価課題」（short assessment task），「より大がかりな場面課題」（more ambitious event task），そして「長期にわたる評価課題」（long-term extended task）が開発されているという（D. Hart, Op. cit., p.42）。

「簡単な評価課題」には，例えば社会科で，合衆国の白地図の中に，（A）13の移民団が入植した地域に色を塗りなさい，（B）ニューイングランドの植民団，中部植民団，南方植民団の三つの植民団を分類表示しなさい，（C）三つの植民団を比較・対照しながら短文を書きなさい，といった課題例，あるいは「クモの巣づくり（webbing）」などが紹介されている。

「より大がかりな場面課題」では，「文章の流暢さや問題解決技能」の能力を評価する諸問題が開発され，また「長期にわたる評価課題」では，「特別の教科領域における長期にわたるプロジェクト」課題が出されたりするとい

89

う（同上書，pp. 65-70）。

第3節　個人内評価

第1項　個人内評価とは

　個人内評価は，昭和36年以来今日まで一貫して認められる特質である。その特質は，よいか－否かとか，伸びたか・進歩したか－否かといった時の基準を個人に求めていこうとする。だから，ここでは，集団のなかでの位置を決めたり（相対評価），あるいはあらかじめ到達水準を決めておく評価（絶対評価）とは異なることになる。

　このように個人内評価は，相対評価とも異なるし，また絶対評価，すなわち教師によって設定された教育目標への到達度として判定するのでもない。「児童生徒個々人の規準に照らして解釈する立場・方法をいう」「第一の特質は，個人内評価は，あくまでも個人内の差違に着目する，という点にある。すなわち，①その個人の諸教科の成績の横の比較や，②ある特定の教科内での観点別目標間または単元・教材の間の学習結果の比較，さらには③現在の達成度と過去のそれとの比較，などを通して，個人の『学び』の特徴を，他人との比較ではなく個性的に把握することに主眼がおかれる。第二に，個人内評価は，評価結果を指導の改善に反映させるために，児童・生徒の学習のプロセスを継続的にそして可能なかぎり全面的に把握することを志向する。……さらに，個人内評価では，児童・生徒自身による自己評価能力の形成が強く意識されている点も，その特質としてあげられる」といえよう（海野勇三「個人内評価」日本教育方法学会編『現代教育方法事典』図書文化，2004，p. 365）。

第2項　個人内評価の活用

　指導要録においては「指導に関する記録」のうちの各教科の評価においては相対評価→絶対評価を加味した相対評価→絶対評価という動きが主張され

てきたのに対し，個人内評価は「特別活動」や「総合的な学習の時間」，あるいは「所見」欄ないし「総合所見及び指導上参考となる諸事項」欄等において採用されてきた評価形態であるといえよう。

しかし，今回改訂された新たな通知のもとになった中央教育審議会の『報告』（平成22年3月24日）では，個人内評価について二つを提案している。一つは「総合所見及び指導上参考となる諸事項」等における記述であるが，今ひとつ，次のようにいっている。すなわち，それは「関心・意欲・態度」の評価に関連してであるが，「教師の指導により，学習意欲の向上はみられたものの，その他の観点について目標の実現に至っていない場合は，学習指導の一層の充実を図ることが重要である。その際，個人内評価を積極的に活用し児童生徒の学習を励ますことも有効である」というのである。

つまり「関心・意欲・態度」の観点の向上がみられたが，その他の観点についてそうでない場合には，個人内評価結果も積極的に活用するようにしてその児童生徒の学習を励ますことの重要性が指摘されているのである。目標準拠評価（＝絶対評価）における結果のみでなく，絶えず個人内評価結果にも目を光らせ，その個人のよい面，伸びた面，進歩した面等（個人内評価結果）をいつでもその他の評価結果に使えるようにして準備しておく必要性が主張されているのである。「観点別学習状況」の評価においても，個人内評価を同時に行い，絶えずその記録を取っておくことが大切であるといえよう。

第4節　評価の形式

上述では「評価の形態」として相対評価，絶対評価および個人内評価の別を考えたわけであるが，以下では，診断的評価，形成的評価，総括的評価という"評価の形式"の違いを考えてみたい。両者はよく使われるし，また紛らわしい表現でもある。しかし，理論的には以下のように区別したいものである。

まず，これらの中から「形成的評価」を取り上げてみたい。すると，この

形成的評価という語を最初に使ったのはスクリヴァンであることが分かる。すなわち，彼は「あるコース（カリキュラム，教科書その他の単元）がまだ終わらないうちにそれを改善するために用いられる評価の役割」を指して形成的評価という語を使い，そして従来からの総括的評価は，「最終的にできあがったもの（コース，教科書，一連の教授活動等の結果として）の価値を明らかにする役割」を果たすというのである（梶田叡一・渋谷憲一・藤田恵璽訳/B. S. ブルーム，J. T. ヘスティングス，G. F. マドゥス著『教育評価法ハンドブック―教科学習の形成的評価と総括的評価―』第一法規，1973，p.373）。

鋒山氏も同様に，「形成的評価（formative evaluation）という用語は，最初 M. スクリヴァンによって新しいカリキュラムを開発する際に，開発途上のカリキュラムを実験的に実施し，その成果から改善点，修正点を明らかにするという評価活動という意味を込めて提案された（1967）」（鋒山泰弘「形成的評価」日本教育方法学会『現代教育方法事典』図書文化，2004，p.368）。

ところで，ブルームらは，このような用語法をカリキュラム作成やその価値判定のみならず，もっと広く教授活動や学習活動にも有効であると考え，「形成的評価は，カリキュラム作成のみにではなく，教授活動や学習活動にも有効であると考える。形成的評価は，カリキュラム作成，教授，学習過程の3つの過程の，あらゆる改善のために用いられる組織的な評価であるというのが我々の立場なのである」という（梶田叡一他訳，同上書，p.162）。このため，例えば，「『形成的』とはコースの途中で現在到達しているところを基礎としてそれに続く教授活動に変更が加えられるというような場合における生徒の学習の評価を意味し」，他方の「『総括的』の方はコース，1つの主題，又は単元の終了に当って，則ちその課題に関する教授・学習活動についてその後の変化が生じないという場合における生徒の評価を指すものとして使われている」（同上書，p.373）ということになる。

他方，診断的評価は，ブルームらによれば，「全ての形式の評価と同様，診断も生徒の行動のある側面の価値づけ，測定，記述，分類に基づく。しか

し，診断は，授業の開始時に生徒を適切に位置づけること，授業の展開に当って，生徒の学習上の難点の原因を発見することの2つを目的とする点で，他の評価の形式と区別される」。すなわち，「授業の開始前に行われる診断的評価の主要な機能は，……第1に，ある単元の目標を獲得するために必要な能力や技能を生徒が身につけているか否かを知ろうとするものである。第2に，ある単元や課程の目標を生徒がすでに習得してしまっているかどうか確認しようとするものである。最後に，興味，パーソナリティー，環境，適性，技能，それまでの学歴など教育方針や授業法と関連のある特性について，生徒を分類しようとするものである」し，他方の「授業の進行中に実施される診断の主要機能は，通常の治療的指導ではよくならない学習の遅れなどの原因や背後状況を明らかにすることである。ある単元での生徒の失敗は，授業法や教材のためではなく，身体的な，情緒的な，あるいは環境上の原因によるのかも知れない。診断によって学習上の混乱の原因を指摘し，これらの障害をできるだけ正したり，除去したりする治療行動を行なおうとするのである」となる（同上書，p.125）。

第4章

「学力」研究と授業評価

第1節　授業研究と授業評価

　水越氏は「授業というのは，教師と生徒と教材という三つのかかわりの中で，成り立っている。それらは相互に規定しあう独立変数だ，といいかえてもよい。(水越敏行「現代授業理論の争点—二つの視点からの整理—」日本教育方法学会編『教育方法11　現代授業理論の争点と教授学』明治図書，1980，p.96)という。すなわち，授業とは教師と生徒と教材の三つの独立変数の複雑なかかわりの中で成立しているという。だから，"授業研究"においては，これらの要因のうち教師のみ，生徒のみ，あるいは教材のみを取り上げ，それぞれの特性を研究したり，あるいは教師と生徒，教師と教材，生徒と教材を取り上げ，そこでの両者のあり方や関係を扱ってもよいし，等々であった。

　砂沢氏は，現代授業論の争点として五つを整理しているが，それらは教師，生徒，教材のそれぞれに関わって提出された争点であったり，あるいはこれらの相互関係等をめぐって提出された争点だったりなどするのである。すなわち，「『授業とは何か』『授業をどうみるか』といった，いわゆる『授業本質論』を第一の分類と考えよう」。「第二の分類として『授業方式論』……『学習方式論』があげられる。つまり，本質ないし目的を実現するための方法・方略にかかわるものである」。「本稿では，学習形態を第三の分類として，その中に『系統学習』『問題解決学習』『個別学習』『班学習』『一斉学習』を含めることにする」。「授業理論の第四の分類として『授業組織論』が挙げられる。これには大別して授業そのものを構成する要因としての教師(教授活動)－子ども(その学習活動)－教材(教育内容)のそれぞれにつ

いての組織化，授業の構造的な見方や在り方にかかわる『認識過程』と『集団過程』，『陶冶過程と訓育過程』，『個人化と集団化』，さらに『思考過程』－『技術過程』－『情動過程』などの組織化が考えられる」。「さいごに第五の分類として『授業評価論』が挙げられる。……授業についても事前の計画→実施→事後の評価が考えられねばならない。……教育目標や教科目標に通じるはずの授業目標の設定は適正であったか，選択された内容教材は適当であったか，教材の精選にはどのような配慮が必要であったか，教授・学習指導の方法・技術は，目標・内容に照らして適切であったかなどは，すべて評価に基づいて推論－判断されなければならない」である（砂沢喜代次「現代授業論の争点」日本教育方法学会編『教育方法11　現代授業理論の争点と教授学』明治図書，1980，pp.115-117）。具体的には，本稿において，同氏は（一）授業本質論，（二）授業形態論，（三）授業方法論に関する争点と思われるものを検討し，（四）授業組織化論，（五）授業評価論は別の機会に述べるとしているのである。

　ところで，砂沢氏の授業論の争点として"授業評価"という柱が設けられていることは注目に値しよう。しかし，このような指摘は1980（昭和55）年9月の論文においてであり，したがってそれ以前はこの授業評価はどうであったか，そこでの争点がどうであったかなどは分からない。むしろ，次のような指摘を勘案すれば，授業評価はそんなに新しい動きではないことが想像されるのである。すなわち，「今日まで進められてきた授業研究の主要な傾向と考えられるのは，おそらく『授業分析』と言われる方法の採用であろう。ともすれば，授業分析がそのまま授業研究とされるほど，分析的研究が活発に行われてきた。……ところが，そうした分析的研究によって，一体授業そのものにどのような工夫を加えようとするのか。授業そのものを一体どのように考え，どのように評価すればよいのか。……端的に言えば，何をめやすにした授業分析なのか，分析のさいのめやすが分析の結果の処理をどう考えればよいか，といったことが次第に重大な問題となってきた」という（砂沢喜代次『講座授業研究Ⅴ授業の組織化と検証』明治図書，1965，p.2）。

　いずれにせよ，このように「授業分析」と授業評価とは必ずしも同時的な

発達を遂げたのではない。次第に授業評価という動きが加わってきたというのが真実であろう。このような授業評価の動きの中で，例えば水越氏の次の主張は当を得たものといえよう。すなわち，水越氏によれば，わが国で「授業評価」ということが教育関係者の間で問題意識にのぼったり，授業評価に関する文献が急増したのは1976（昭和51）年前後であるという（水越敏行「授業評価1」『授業研究』明治図書，1977, p.122）。

なぜか。水越氏は次の四つをあげている（同上書，pp.123-124）。

1．授業システムを構成する諸要素が複雑になり，どれが最適であるか見定める必要が出てきたこと。
2．たとえばブルーム学派などの影響で，形成的評価の研究が授業研究における理念と現実とのギャップを埋める必要を喚起したこと。
3．教育工学の出現により，授業研究がその理念論から方法論へと移動するようになったこと。
4．落ちこぼれ問題や現場での自主的なカリキュラム開発や教材開発の動きなど，授業の質的改善や向上が社会的な要請になってきたこと。

なお，上記の「ブルーム学派の影響」という点については，梶田氏の次の説明が当を得たものとなる。すなわち，「1960年代後半から特に強くなってきた相対評価への批判と抗議の声，1970年代前半におけるブルームの評価論の紹介と受容，1975年前後から各著でさかんになった目標分析と形成的評価の実践研究，1976年から京都府教育委員会が推進してきた到達度評価に向けての教育運動などは，現在のような状況を形作っていく上で，特に重要なものであったと言えよう」（梶田叡一「学習評価研究の総括と研究課題」『授業研究』1982年6月臨時増刊，明治図書，p.167）。

第2節　学習評価の研究

第1項　第二次世界大戦後の諸調査による基礎学力の低下批判

研究者・学者はともかくとして，授業をする教師にとっては，授業を通し

て子どもに"学力"が身に付いたかどうかの判定をめぐっては当初からの課題であったように思われる。すなわち，学校現場人にとっては，子ども（学習者）の学習評価は昭和22年の学校のスタートからしなければならないことであった。いわば必修であったといってよい。第一章で検討したように，年1回とはいえ，指導要録に記録するため，子どもの学習や行動に関して"評価"しなければならなかったわけである。しかも，その評価は，例の正常分布曲線による相対評価であり，それが科学的な手法であった。つまり，教育評価といえば学力評価ないしは子どもの学習の評価であり，その方法は科学的，客観的な手段としてのテストだという測定評価観が強かったように思う。

　このような学校教育の現場における評価研究，すなわち子どもの学習評価としての"学力"研究として，例えば，稲垣氏らは，第二次世界大戦直後からの諸学力調査結果を紹介している（昭和23年の「日本人の読み書き能力調査」から昭和31年の文部省の国語，数学についての全国学力調査等）。これらの調査の結果から，新教育は学力低下をきたした点を批判しようとするのである（肥田野直・稲垣忠彦編『教育課程総論　戦後日本の教育改革6』東京大学出版会，1971，pp.593-599）。

　やがて，この新教育の問題はもっと広くには一体"基礎"とは何か，新教育が目指したものは"基礎"であったのかどうか，さらには昭和30年前後からの，いわゆる"問題解決学習か系統学習か"の論争として教育界に波紋を広げるようになったのである。

第2項　文部省の全国一斉学力調査

　文部省は，この論争の中，全国一斉に学力調査を開始したのである。そのねらいは「小・中・高校の児童・生徒の学力の実態を全国的な規模でとらえ，教育課程および学習指導の改善ならびに教育条件の整備に役立つ基礎資料をうることを目的」とするものであった（文部省調査局調査係『全国学力調査報告書　国語・数学』1957年5月）。

　しかし，例えねらいがそうではあっても，この調査がこれまでの経験主義

から，基礎学力の向上などと結びつく系統主義への変化を加速する昭和33年の学習指導要領の改訂と時期を同じくしたものであることは疑いない。そして，この動きは約10年続くことになるのである。すなわち，小・中学校は昭和31（1956）年より昭和41（1966）年の11年間継続，高校は昭和31年から昭和37年までの7年継続して（それ以降は，能力開発研究所による学力能力テストがはじまる），それぞれ取り組まれたのであった。

そして，小学校第6学年（昭和37年から昭和41年までは第5学年も加わる。なお，昭和41年は第5学年のみ）と中学校第3学年（昭和36年から昭和40年までは第2学年が加わる。昭和41年は第1学年と第3学年が対象となる），高校は第3（4）学年であり，昭和37年で終了。教科はほとんどすべての教科にわたっている。すなわち，小学校は国語，算数，社会，理科，音楽，図画工作，家庭が，中学校は国語，数学，社会，理科，英語，職業家庭（技術・家庭）が，高校では国語，数学，社会（社会，日本史，人文地理），理科（物理，化学，生物，地学），英語，保健体育が対象とされている。

なお，調査は小・中・高校とも抽出調査を旨としていた（小学校は昭和31年から昭和36年までは5％，昭和37年から昭和41年までは20％，中学校は昭和31年から昭和35年までは4〜5％，高校は昭和31年から昭和37年まですべて10％）。しかし，中学校のみ，昭和36年から昭和40年にかけては国，公，私立の100％，つまり悉皆調査であった（この期間中，調査対象教科は第2学年では国語，社会，数学，第3学年では理科，英語であった）。しかしまた，最終の昭和41年には20％抽出となっている（同上書，pp.875-876）。

第3項　到達度評価テストによる学力の形成

田中氏によれば，この「到達度評価」という「名称が公的に使われた最初のものは京都府教育委員会が作成した『到達度評価への改善を進めるために―研究討議のための資料―』（1975年2月）において」である。そしてそこでは「到達度評価は，すべての子どもの学力を，それぞれの学年，教科の目標に到達させることを基本とする教育指導における評価」であり，「この『到達度評価』というネーミングは，『相対評価』に代わる教育評価の新しい

パラダイムを鮮やかに示す」という目的の下に使用されたのである（田中耕治『指導要録の改訂と学力問題』三学出版，2002，p.20）。

　すなわち，学習指導要領が告示となった昭和33年から，"系統主義"に象徴されるように，現代の学問－教科的な知識・技術が重視され，昭和43年の学習指導要領の改訂からの一層の追究により，学歴獲得競争に拍車がかかり，その悪結果として「落ちこぼし・落ちこぼれ」問題（当時，7-5-3：小学校では通過率が7割，中学校になると5割，高等学校では3割と揶揄された）が顕在化することになった。これは何とかして防がなければならないというわけである。

　このようなとき，アメリカにおいて，ブルーム（Benjamin S. Bloom）らの研究が注目された。すなわち，彼らの相対評価批判である。例えば「教師なら誰でも，生徒の3分の1は自分の教えることを充分学習し得るだろうという期待をもって，新しい学期や課程を始める」（B. S. ブルーム他著，梶田叡一他訳『教育評価法ハンドブック』第一法規，昭和48（1973）年，p.61）。そして，「生徒を成績づけるのに，教育者は非常に長い間正規曲線を使用してきたので，すっかりそれを信ずるようになっている」（同上書，p.63）。しかし，よくよく考えてみれば，「教授活動が効果的なものであれば，学力の分布は正規曲線とは全くことなってしかるべきである。実際，学力の分布が正規分布に近づけば近づくだけ教育効果が上がらなかったことを示すとさえ言えるかもしれない」（同上書，p.64）という相対評価批判が注目されたである。

　もちろん彼らが推奨するのは「マスタリー・ラーニング（完全習得学習）」である。これによって，いうなれば一人一人の子どもの学力を保証しようということを提唱したのである。上記の京都方式では，このマスタリー学習が唱道され，すべての子どもの学力保証がめざされたのである。

　ところで，ブルームらの研究で今ひとつ，『教育目標分類学』が有名である。すなわち，従来の教育目標は"一般的なもの"であり，これを"分類し，整理し"ようとしたのである。そして，その結果，認知領域の目標分類学が1956年に，情意領域は1964年に，そして運動技能的領域と相次ぎ取り組

まれ，出版された。

　この教育目標分類学では，かつての教育目標を分類・整理し，これを「行動」ないし「能力」表として整理する。そして，各地・学校の現場では，このマトリックス欄と主題を中心とする「内容」欄を設け，両者のクロスする部分がいうなればその主題ないし単元でふれる（扱う）能力であり，目標であるとする「具体目標分類表」ないし「目標細目分類表」が盛んに作成されたのである。

　ちなみに，認知領域では1.00〈知識〉，2.00〈理解〉，3.00〈応用〉，4.00〈分析〉，5.00〈統合〉，6.00〈評価〉とされている。さらに知識では1.10〈個別的なものに関する知識〉，1.20〈特定のものを扱う手段・方法に関する知識〉，1.30〈一般的，抽象的なものに関する知識〉が，理解では2.10〈変換〉，2.20〈解釈〉，2.30〈外挿〉が，さらに分析では4.10〈要素の分析〉，4.20〈関係の分析〉，4.30〈組織原理の分析〉が，統合では5.10〈独自の伝達内容の創出〉，5.20〈計画の創出あるいは実施企画の創出〉，5.30〈抽象的関係の導出〉が，評価では6.10〈内的基準による判断〉，6.20〈外的基準による判断〉が分類・整理されている。

　情意領域では1.0〈受け入れ（注意すること）〉，2.0〈反応〉，3.0〈価値づけ〉，4.0〈組織化〉，5.0〈1つの価値あるいは複合的な価値による個性化〉とされている。さらに受け入れでは1.1〈意識〉，1.2〈意欲的な受け入れ〉，1.3〈統制された，あるいは選択された注意〉が，反応では2.1〈反応としての黙従〉，2.2〈意欲的な反応〉，2.3〈反応への満足〉が，価値づけでは3.1〈1つの価値を受け入れること〉，3.2〈1つの価値を好ましいとすること〉，3.3〈1つの価値に基づく行動〉が，組織化では4.1〈価値の概念化〉，4.2〈価値体系の組織化〉が，最後の個性化では5.1〈一般化された構え〉，5.2〈個性化の実現〉が分類・整理されている（同上書，pp.429-441）。

　なお，評価手法としては形成的評価及び総括的評価が取り入れられたが，しかしいずれの評価においても「到達度評価テスト」という見出しに示唆されるように，この"到達度"がテストではかられ，"テスト"以外の手段・方法は確立されなかった。

第4項 「生きる力」の育成としての評価の4観点

　しかし，なかなか教育現場では到達度の研究は進まなかった。むしろ，新たな展開を，すなわち"ゆとり路線"の下に従来の系統主義が改められ，知識の追究のみでなく，態度学力も注目されることになる。

　昭和55年の指導要録の改訂においては，その「指導に関する記録」の一環として「観点別学習状況」欄が設けられ，その中の観点の一つとして"関心・態度"が評価対象として加わることになったのである。そして，これ以降，関心なり意欲・態度は「生きる力」の育成の下，観点の一つとして有力視されるようになったのである。しかし，評価の観点は"内容分析的観点"ともいわれるように，「学習指導要領に示す目標の達成状況」を評価するために設けられたものであった。このため，各評価の観点をみると，学習指導要領の各教科の目標・内容の違いによりその設け方や数，その呼称等が異なっていた。つまり，各教科の特色を反映して多様であった。強いていえば，知識・理解を筆頭にし，関心・態度を最後とする教科が多かったといえるくらいであった。

　ところが，平成3年の指導要録の改訂からは，この内容分析的観点が変化し，"能力分析的観点"といわれる観点になった。すなわち，指導要録の「改訂の趣旨」によれば「新学習指導要領に示す各教科の目標や内容を踏まえ，自ら学ぶ意欲の育成や思考力，判断力などの育成に重点を置くことが明確になるように配慮」した結果であるという。各教科の目標から評価の観点が定められていた時代から転換し，評価の観点は，各教科の目標，内容を踏まえながらも，結局は自ら学ぶ意欲や思考力，判断力の育成（当時は「自己教育力」の育成）という共通の目標が明確になるようになったのである。

　この新たな評価の観点は「関心・意欲・態度」「思考・判断」「技能・表現」「知識・理解」となり，また，評価の観点の"順序"もこのようになった。このところから，"態度主義学力が重視されるようになった"とか"知識軽視の時代が始まった"などと揶揄されたことも度々であった。

　しかし，既に明らかなように，評価の観点の順序とかその数とかが異なる

といったことではなく，そもそも評価の観点の「出所」が異なっていたのである。当時の座長を務めた奥田氏は，後年になって，「学習というのは，『興味・関心』『意欲・態度』というのが『入り口』であり，子供が問題に取り組んでいったときに学習活動としては『調べること』とか『探すこと』がある。ところが，何かを調べてみようと思うときに，そこで求められる能力があるわけだ。例えば考える力を持たなければいけない。さらに表現する力もなければいけない。その表現のことでは，口で表す場合も，書く場合も，図形で表現する場合もある。要するに，考えたり判断したりしたことを，ある程度表現するとか，あるいは行動に移していくことが『プロセス』だと思う。そういうことを通して，ある事柄についての知識を得，理解する。あるいは技能を身に付ける。それが，学んだ『成果』ではないか」（奥田真丈『新しい学力観と評価観　絶対評価の考え方』小学館，1992, pp.73-74）といっている。つまり「関心・意欲・態度」は学習の入り口であり，それに支えられて「思考・判断」したりする。そして，その結果として「技能・表現」や「知識・理解」を身に付ける。人間が学習するということは，このような学習の入り口→学習→学習後→……という問題解決のサイクルを，それこそ何回となく繰り返していることだというのである。能力分析的観点の新骨頂であると思われる。

　そして，このような評価の観点は平成13年の指導要録の改訂においても認められる。すなわち「各学校において，観点別学習状況の評価の観点を基本とした現行の評価方法を発展させ……」としているのである。つまり「関心・意欲・態度」「思考・判断」「技能・表現」「知識・理解」の四つの評価の観点が基本的に踏襲されることになったのである。平成13年から平成23年3月まで，評価の4観点が踏襲されているのである。

　そして，この間，平成元年には生活科が，平成10年には総合的な学習の時間が新設され，これに従来からの各教科，及び道徳，特別活動が加わり，学習活動が展開され，各教科等の評価がなされてきたのである。

第5項　最近の PISA 及び IEA 等の学力調査

このような中，平成20年には学習指導要領が新たに改訂されることになるのであるが，それにはまず，以下のような学力調査の結果が影響していると考えられる。

平成16（2004）年12月に，PISA（Programme for International Student Assessment）及び IEA（International Association for the Evaluation of Educational Achievement）という二つの大きな国際的な学力調査結果が発表された。そして，PISA 調査に関連し，わが国の子ども達は例えば「読解力8位→14位　数学応用力1位→6位」（朝日新聞，2004（平成16）年12月7日，夕刊）という見出しにみられるような結果となり，それに対して「文部科学省は日本の学力についてはじめて『世界のトップレベルとはいえない』との表現を使い，厳しい現状認識を示した」という記事を掲載した。他の毎日，讀賣，日本経済，産経，東京，教育の各新聞も，ほぼ同内容の記事であった。いわば各新聞を始め，マスコミはこぞって"学力低下"を指摘したのであった。

上の文中，「から（→）」で示されているように，OECD（経済協力開発機構）は PISA 調査を2000年から始め，そして新聞論調の見出しは2回目の2003年のものであった。この国際的な調査は3年ごとに1回の調査を実施するという計画で進められており，しかも調査対象は15歳—わが国でいえば義務教育を修了し，高等学校に入学したばかりの1年生である。内容は，彼（女）らの「読解力」（Reading Literacy）「数学的リテラシー」（Mathematical Literacy）「科学的リテラシー」（Scientific Literacy）を問うものであり，調査のたびに中心となるリテラシーが入れ替わるものである（2003年では「数学的リテラシー」が，2006年では「科学的リテラシー」が中心）。

とりわけ「読解力」の低下はいうまでもないであろうが，しかし，その回復は容易ではない。新聞論調でもいわれたが，国語の時間を増やすとか，国語に力点を置けば片づくといった問題ではない。その証拠に，読解力問題をみれば，「情報の取り出し」「テキストの解釈」「熟考・評価」といった思考

能力が提出されているからである。

　ところで，新聞論調は，PISAとIEAの調査結果とをほぼ同列に扱う（ともに，"学力低下"をきたしている）という誤りを犯している。両国際的な調査は目的も，対象も違うのである。目的としては，例えば「国際教育到達度評価学会（IEA）が行っている国際学力比較が，それぞれの国で生徒が学校カリキュラムの内容をどの程度収得しているかを調査，分析するものであるのに対し，PISA調査は，学校の教科で扱われているようなある一定範囲の知識の習得を超えた部分まで評価しようとするものであり，生徒がそれぞれ持っている知識や経験をもとに，自ら将来の生活に関係する課題を積極的に考え，知識や技能を活用する能力があるかをみるものである」。「PISA調査は，……比較可能な指標を開発することで，各国の生徒がどのくらいの水準にあるかについての情報，及び教育を改善し，その効率・効果を高めるための方向性，示唆などを提供することを目指すものとして開発」されたものであるという（国立教育政策研究所編『生きるための知識と技能2 OECD生徒の学習到達度調査（PISA）2003年度調査国際報告書』ぎょうせい，2004，p.003）。

　すなわち，PISA調査の目的は，①義務教育修了段階における「比較点となる国際的な指標」を開発すること，②その比較点は，義務教育修了段階の各国の子どもが「将来生活していく上で必要となれる知識と技能」から構成され，しかもそれらの知識・技能は「学校のみならず学校外においても習得されるもの」であること，に置かれている。一方のIEAは義務教育学校のカリキュラム内容をどの程度収得しているかを調査しようとするものである。このように，両調査はことなるのである。

　だからまた，対象にしても，PISA調査では15歳で，しかも「読解力」「数学的リテラシー」「科学的リテラシー」といった内容が課されるのに対し，IEAでは，小学校4年の算数，理科，中学校2年の数学，理科がそれぞれ問われるのである。なお，IEAの調査結果，算数では小学校第3位，中学校は第5位，理科は小学校第3位，中学校は第6位となっており，PISA調査と同様な"学力低下"があるとはにわかにはいえない（国立教育

政策研究所「国際数学・理科教育動向調査の2003年調査（TIMSS2003）国際比較結果の概要」平成16年12月15日）。

このような PISA 及び IEA 調査を視野に入れながら，子どもの学力はいわれるほどに低下はしていない—むしろ目指す学力が違うのではないかという立場よりの『学力低下論批判』（加藤幸次・高浦勝義編著，黎明書房，2001）や，文部科学省の『確かな学力の向上のための2002アピール「学びのすすめ」』（平成14年1月17日）などが出されたりした。

文部科学省は，その後，日本の子どもたちの学力は大丈夫か＝正式には「国の責務として果たすべき義務教育の機会均等や一定以上の教育水準が確保されているかを把握し，教育の成果と課題などの結果を検証する」（全国的な学力調査の実施方法等に関する専門家検討会議「全国的な学力調査の具体的な実施方法等について（報告）」平成18年4月25日）ものとして，全国的な学力調査を平成19年度から毎年4月に実施している。小学校第6学年の国語及び算数の調査問題A及びB，中学校第3学年の国語及び数学の調査問題A及びBが，それぞれ調査の対象であり調査内容である。なお，この調査は，平成22年度4月にはそれまでの全員参加方式から抽出式に変更されている。

このような動きの末，文部科学省は，平成20年1月17日に中央教育審議会より「幼稚園，小学校，中学校，高等学校及び特別支援学校の学習指導要領等の改善について（答申）」をうけ，同年3月には学習指導要領の全面改訂を行ったし，平成22年3月24日には中央教育審議会より「児童生徒の学習評価の在り方について（報告）」を得，同年5月11日付けで「小学校，中学校，高等学校及び特別支援学校等における児童生徒の学習評価及び指導要録の改善等について（通知）」を行ったのである。

第3節　指導の改善（＝指導と評価の一体化）を目指す授業評価

第1項　望ましい指導の在り方を目指した授業評価研究

　子どもの学習の評価と並んでよく取り上げられてきた今ひとつの評価として，指導法ないし教材をいかに展開するか，いかに組織するかといった，いわゆる望ましい指導の在り方を目指した授業評価研究がある。

　例えば肥田野直・神保信一両氏は「授業過程の評価は立場によって，視点の置きかたが違ってくる。ひとつの立場は，指導過程に重点をおく考えかたである。この立場では，指導案がいかに効果的に構成されているか，また，授業の結果が初期の目的を達したかを子どもの反応や学習成果の定着度などから考察しようとする」という（波多野完治編『授業の科学　第七巻』国土社，1964，p.176）。そして，この立場から，「道徳」の授業過程を例にとりながら論を進めるのである。

　では，どんな指導過程が望ましいのであろうか。著者らは「1960年4月から1年間にわたり，『道徳』の授業観察を続けた結果」（同上書，p.179），「教師の活動に焦点を合わせた授業過程評定尺度」（各項目を五段階評定）を試案化し（同上書，pp.179-180），他方，これと表裏をなすものとして「生徒による授業過程評定尺度」（五段階評定）を作成した（同上書，p.180）。

　それぞれ以下のようなものである。なお，前者は，各教科の授業過程にも共通する項目もかなり含まれているが，「道徳」の授業に特化したものであるという。また，後者について，その実施条件として，①中学校生徒が対象であること，②生徒が教師を信頼し，好かれていると思うような教師と生徒の人間関係ができていることをあげている。

教師の活動に焦点を合わせた授業過程評定尺度（各項目を五段階評定）

〔Ⅰ〕間接的材料のとりあげ方について
　（1）　生徒の生活や欲求の点からみて，間接的教材のとりあげ方に十分な配

慮がなされているか。
    (2)　指導目標に沿った内容がとりあげられているか。
    (3)　教師は間接的教材をどの程度自分のものにしているか。
〔Ⅱ〕学習指導の技術について
    (1)　指導のしかたは教師中心ですすめられたか。
    (2)　教師は生徒が理解しやすいようにつとめて話しているか。
    (3)　教師は生徒に十分に発言させ，それを正しく受けとって生かすように努力したか。
    (4)　教師は生徒の自主的な思考をうながしているか。
    (5)　問題点を明確にしているか。
    (6)　指導のねらいに照らして授業の分節が適当であったか。
    (7)　時限内の発展の仕方が十分力動的であるか。
    (8)　指導計画を生かすような方向へ授業を導いているか。
    (9)　問題に相応したまとめ方がなされたか。
    (10)　いままで生徒が気づいていなかった点についての洞察を導いたか。
    (11)　各問題点について，それを生徒が自分自身の感情欲望にかわる問題としてとりくむよう指導したか。
    (12)　教室内で得られた理解，洞察が教室外の現実の生活でも行なわれるような指導がなされたか。
〔Ⅲ〕教師と生徒との人間関係について
    (1)　教師は　at home　でしかもまじめな雰囲気をつくり出そうとしているか。
    (2)　教師の態度はすべての生徒に対して公平であったか。

(同上書，p.179)

生徒による授業過程評定尺度（五段階評定）

いまのじゅぎょうについて，次のそれぞれの問に答えてください。
〔問〕
    1．先生のお話はおもしろいと思いましたか。
    2．先生の説明は問題になっていることの説明として，ピッタリしていると思いますか。
    3．先生の話し方は，わかりやすいと思いましたか。
    4．先生の話は，何が問題になっているかはっきりしていましたか。
    5．みんな言いたいことは言っていると思いましたか。
    6．先生の指名は，公平にゆきわたっていたと思いますか。

> 7．先生は生徒の言うことを正しく受けとってくれたと思いますか。
> 8．先生の話されたことについて，あなた自身よく考えましたか。
> 9．いままで気づいていなかったのに，いまの授業ではっきりわかったとか，はじめて考えさせられたと思うことがありますか。
> 10．いまの授業で話されたことは，自分に関係の深いことだと思いましたか。
> 11．いま理解したことは，今後実行できると思いますか。
> 12．授業は順序よく進められたと思いますか。
> 13．先生のまとめ方は，問題にふさわしいまとめ方だと思いますか。
> 14．授業のふんいきはまじめな感じでしたか。
> 15．みんな熱心にとりくんでいたと思いますか。

(同上書，p. 181)

また，「道徳」に特化して，次に示すような言語的相互作用を感情的なレベルで追究する「内面化」カテゴリーを設けた授業過程分析を行っている。

α　問題の内容に関するカテゴリー

1　S　学習者に関することがら。学習者が同一化している人に関することがら。
　例　あのね，いまわたしたちはおとなと子どもの，ちょうどまんなかでしょう。
2　SES のうち，とくに感情的なことがらで，（＋），（0），（−）が区別される。
　例　（−），何となくしゃくにさわっちゃう。
3　O　友人，家族，他人，その他環境の諸条件に関することがら。
　例　その友達は学級委員なんですけれど……。
4　OEO のうち，とくに感情的なことがらで，（＋），（0），（−）が区別される。
　例　（＋），友達がとても楽しそうに話していると……。
5　S×O　S と O との相互作用に関することがら。
　例　朝学校へ来るとね，先生と挨拶するでしょ。
6　S×OE　S と OE との相互作用に関することがら。
　例　親は君たちのことをいつも心配しているんですね。だから，学校のことを話してくれるとすごく嬉しいって。
7　SE×O　SE と O との相互作用に関することがら。とくに感情的なことで，（＋），（0），（−）が区別される。
　例　（−）　みんな誰かがそのいやなことをやってくれるだろうと考えているから……。
8　SE×OE　SE と OE との相互作用に関することがら。
　例　お互いに両方のいい分だけを強くいっていたのでは，いつまでたっても和解できないし……。

第4章 「学力」研究と授業評価

9 SE+SE　両向性に関することがら。
　例　わたしたちのクラスは，団結している面もあるし，していない面もあると思います。
10 SE×SE　感情の葛藤に関することがら。
　例　勉強しなければならないと思うけれど，勉強しているともう寝る時間になってしまって，自分の楽しみや楽しいことをやりたいことが少なくなって，自分の楽しみを失ってしまうと思います。
11 MC　道徳的価値基準に関することがら。
　例　おとなの人はみんな責任を持っているわけですね。だから君たちも責任ある態度でのぞまなくっちゃいけないということですね。
12 SE×MC　学習者の感情的なことがらと，道徳的価値基準に関することがらとの葛藤。
　例　規則は守らなければいけないって知っているんだけれど，やる気がしないんです。
13 MC×MC　道徳的価値基準のいずれを優先させるかに関することがら。
　例　正直か友愛か，どっちを優先させたらいいか，を考えることが，わたしたちの問題になりますね。
14 （S）　Sの経験，意見をSが直接に発言しているものではなく，他の発言者により紹介されていることがら。これは1～13の記号の前に必要ある時は付記する。
　例　みんなの作文によると，いちおう当番というものは必要だといったことを認めているわけです。

β　教師の発言活動に関するカテゴリー
1 内面化をうながす一般的リード。
　例　そのことについてもっと具体的にいって下さい。
2 内面化にかかわりのある直接的質問。
　例　お父さんにですね，叱られたことがありますか。
3 単純な判断を求める。
　例　どういうところが行きすぎだと思いますか。
4 個人的フィードバック（部分的）を求める。
　例　それにつりこまれちゃう，なぜこれは。
5 個人的フィードバック（総合的）を求める。
　例　君たちね，規則というものはなぜあるのか，もう一度きょう帰ったらふりかえってみて下さい。
6 洞察を求める。

例　自分のわがままをひとつひとつ克服していこうっていうことが，何につながってくるんだろうか，これをひとつ考えてみて下さい。
11　内面化にかかわりのある発言についての単純な受容。
　　例　ああ，そう，ここは。
12　内面化にかかわりのある発言のくりかえし。
　a　生徒の発言のくりかえし。
　　例　生徒……複雑な気持ちがしちゃう。
　　　　教師……複雑な気持ちね。
　b　教師自身の発言のくりかえし。
　　例　ほんとにもう，なんでもかんでも，反対してやろうなんて，自分のお父さんや，お母さんに対して思っている人はないんじゃないでしょうか。どうですか。ほんとうにもう，なんでもかんでも反対してもう，いつまでも反対してやろう。そんな気持ちで君たちは……。
13　内面化にかかわりのある発言の明瞭化。
　a　生徒の発言の明瞭化
　　例　生徒……うちのひとが楽しそうに話していると，つい自分も勉強するのがいやになって，その中に入ってしまう。
　　　　教師……家の人が楽しそうに話したり，お菓子を食べたりしているもんだから，それにつりこまれちゃう。
　b　教師自身の発言の明瞭化。
　　例　ウンウン，ひとりだけ残っちゃいそうになったときに，ドアをおさえて乗っけてくれるってんですね，電車。マア，子どもだからおいてっちゃおうなんということなくて，乗っけてくれたってんですね。
14　要約。
　　例　これをまとめて考えてみると，ここにあげてあるんですね。長所，いい点というふうにあげてあることが，また悪い点にもあがっているわけですね。
15　解釈。
　　例　退屈だっていうのは，そうすると勉強がつまらないってわけだな。
16　内面化にかかわりのある発言についての分類。
　　例　そうすると，これも学習態度に入るね。
17　同情（再保証を含む）。
　　例　いまみんなが話しているのを聞いていると，これが大変だと思うな。
18　是認，激励。
　　例　いいと思います。それだけ自分を大事にすることは結構だと思います。
19　否認，批判。
　　例　もし，君がなにもしないで，早く帰りたいというんなら，そいつはおかし

いと思うね。
21 問題接近に対する構えについての方向づけ。
　例　では，もうひとつつけ加えましょう。いやだったこと，なにかいやだったこと。
22 道徳的価値基準を提出する。
　例　おとなの人はみんな責任をもっているわけですね。だから君たちも責任ある態度でのぞまなくちゃいけないっていうことですね。
23 気づかれなかった事実を示唆する。
　例　物事は必ずしも悪い面ばかりではないと思うよ。いい面だってあると思うね。
24 新しい資料を提出する。
　a　間接的資料を提出する。
　　例　あのね，ちょっとボーイ・スカウトのことを話すとね。ボーイ・スカウトはすべてが競争で……
　b　生徒の直接的体験を資料として提出する。
　　例　（生徒の作文や道徳のノートなどを読む）。
　c　先生が自己の体験を語る。
　　例　先生だって小学校や，中学校のとき，先生に当番みられたら，いい気持ちしなかったもの。
25 一般化。
　例　これは家庭だけじゃなくて，このクラスでもそうですね。どうもお友だちどおし，仲が悪くて困るとか，そういう場合ですね。
26 参考意見を提出する。
　例　では，ここでちょっと朝当番についてもう少し話し合ってみたらどうだろう。
注：α中の略記号：S＝self，E＝emotion，O＝others，MC＝moral code

(同上書，pp. 182-188)

第2項　もどり道の研究としての授業評価研究

　水越氏によれば，授業評価は授業の研究の中でも新しい研究領域であるが，その研究が"市民権"をもつには，「もどり道」の研究が必要である。すなわち，「今までほとんど手がつけられなかった『もどり道』，つまり多角的に切り込んで手に入れた評価研究を重ね合わせ，総合して，設計や実施段階へフィードバックしていくルート，これにいくらかの見通しがもてたことであろう。このもどり道の研究が，往き道に近いレベルまで開発されるには，ま

だ相当の期間を要するだろう。しかしこれができないと，授業評価は授業の研究の中で市民権はもてないのではなかろうか」という（水越敏行「授業評価のねらいと技法がめざすもの」『授業研究』明治図書，1979，p.6)。

では，その「もどり道」の研究のための全体計画なりその手順をどのように描けばよいのであろうか。まず，水越氏が紹介するのは，次ような授業

授業研究の手順と授業評価

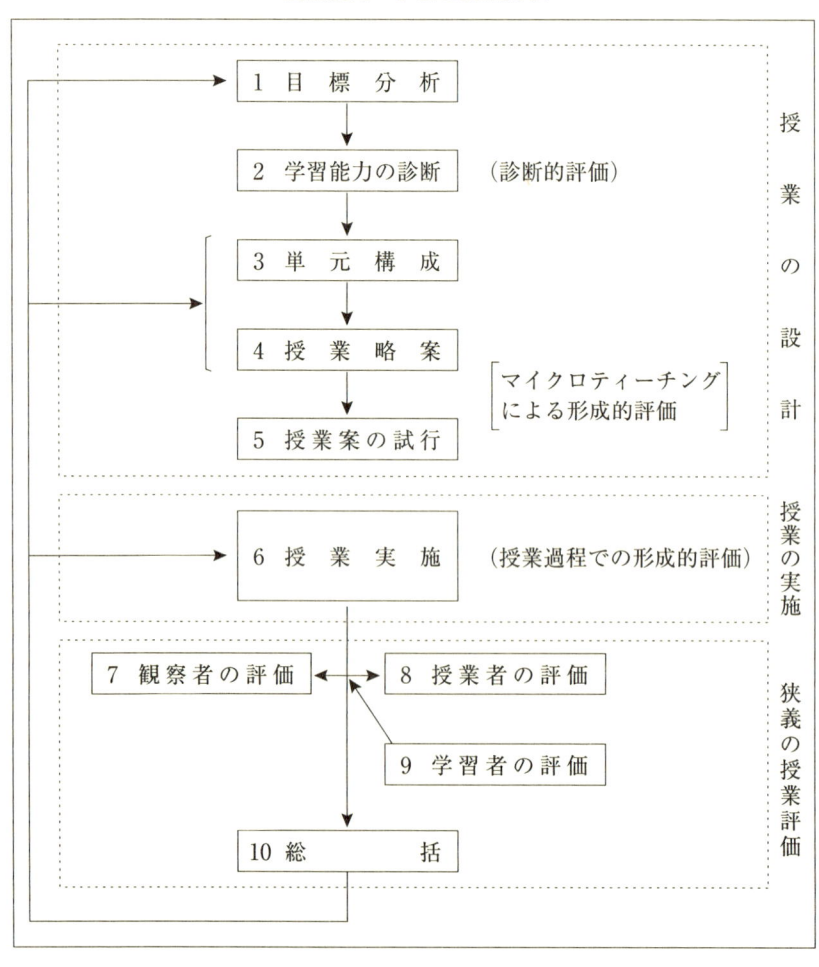

```
┌─────────────────────────────────────────┐
│  ┌──→ 1 目 標 分 析                       │ 授
│  │       ↓                                │ 業
│  │     2 学習能力の診断  （診断的評価）    │ の
│  │       ↓                                │
│  │  ┌─ 3 単 元 構 成                      │ 設
│  ├──┤    ↓                                │ 計
│  │  └─ 4 授 業 略 案    ┐マイクロティーチング│
│  │       ↓              ┘による形成的評価   │
│  │     5 授業案の試行                       │
│  ├─────────────────────────────────────┤
│  │                                         │ 授業
│  ├──→ 6 授 業 実 施  （授業過程での形成的評価）│ の実施
│  ├─────────────────────────────────────┤
│  │   7 観察者の評価 ←→ 8 授業者の評価        │ 狭
│  │              ↑      ↓                   │ 義の
│  │              9 学習者の評価              │ 授業
│  │              ↓                          │ 評
│  └──── 10 総    括                          │ 価
└─────────────────────────────────────────┘
```

評価のための授業研究の手順である（同上書，p.6）。

　まず，授業は，その設計（事前の段階）→その実施（事中の段階）→その（狭義の）評価（事後の段階）と推移し，この全体を視野に入れて研究をすることが大切である。

　すなわち，手順を記せば，目標分析に続いて，「2『学習能力の診断』における診断的評価，5『授業案の試行』（マイクロティーチング）における形成的評価，6『授業実施』，つまり授業展開過程で教授行動へ即時的にフィードバックをしていく形成的評価，それに7『観察者の評価』，8『授業者の評価』，9『学習者の評価』という狭義の授業評価が重なってくる。それらを10で「総括」して，ふたたび1目標分析や，3単元構成，4授業略案の修正につないだり，5授業案の試行における発問や，個への対処と配慮のし方の改善につなげていく」（同上書，p.6）ということになる。しかも，それぞれの授業の設計段階—授業の実施段階—狭義の授業評価の各段階において，「数量化しての測定が目的ではなく，意思決定のための情報をえることにねらいがおかれている」（同上書，p.7）のである。

　さて，ではこのためにいったい何を評価するのであろうか。氏によれば，次のような「授業評価の枠組」が示されている（水越敏行，同上書，p.7）。

　表中「事前とあるのは，図1（＝授業研究の手順と授業評価の図—筆者注）でいうと1から5までの授業の設計段階，事中とあるのは6の授業の実施段階，そして事後のとあるのは7から10までの狭義の授業評価の段階を意味する」（同上書，p.8）。

　同氏によれば，これはボーリッヒたちの枠組みから「評価対象としてのⅢ学級」をとりさった残りのものであるが，要するに「何を評価するかを示したものである。方法としたのは，どんな道具で評価するかを示したものである。また，（　）内に事前・事中・事後とかいたのは，いつ評価するかに関するものである。評価者は，つまりだれが，対象，つまりだれを評価するかという枠と合わせて，（だれが，だれを，いつ，どんな道具で，何を評価するか）ということがわかるようにした」ものである，という（同上書，p.8）。

授業評価の枠組
(誰が，誰を，いつ，どんな道具で，評価するのか)

	対象	I　授業者	II　学習者
A 授業者	内容	自分の教授行動について 授業の設計・資料，メディア等について	生徒の学習行動について 学習の到達度について 学級の雰囲気や人間関係について
A 授業者	方法	1．VTRの鏡的利用　　（事後） 　　の雰囲気や人間関係 　　1-1　独自／対話 　　1-2　評定尺度法	1．VTRの鏡的利用　　（事後） 2．少人数のバズ　　　（事前） 3．イメージ・マップ（事前，事後） 4．アチーブメントテスト 　　　　　　　　　　（事前，事後）
B 学習者	内容	教師の指導について 教材について（資料，メディア含む）	学級の雰囲気や人間関係について 自分や班の学習について
B 学習者	方法	1．評定尺度法　　　　（事後） 2．自由記述法　（事中，事後） 3．線結び式内容分析　（事後） 4．質問紙法　　　　　（事後）	1．評定尺度法　　　　（事後） 2．自由記述法　　（事中，事後） 3．線結び式内容分析　（事後） 4．質問紙法　　　　　（事後） 5．SD法　　　　　　　（事後）
C 観察者	内容	教授行動について 授業設計，資料，メディア等について	生徒の学習行動について 生徒の理解度，個人差について 学級の雰囲気や人間関係について
C 観察者	方法	1．授業コミュニケーション分析　　　　　　　（事中，事後） 2．評定尺度法　　　　（事中） 3．自由記述法　　　　（事中） 4．チェックリスト法　（事中）	1．授業コミュニケーション分析　　　　　　　　（事中，事後） 2．評定尺度法　　　　（事中） 3．自由記述法　　　　（事中） 4．チェックリスト法　（事中） 5．抽出児の思考ルートや行動の追跡　　　　　　（事中，事後）

しかし，授業研究の現実においては，この授業評価の枠組にみられる「A授業者」「B学習者」「C観察者」の3者よりする成果が「交わることのない平行線になっている。これでは評価したことにはならないのであって，それらがどこで収れんし，データが関連づけられ，総合的な判断，つまり授業の

解釈がされる必要がある」(同上書, p.19)。そのため, 一日も早く「もどり道を開発して往路と連結」(同上書, p.20) するような授業評価研究を望みたいという。

前項で検討された教師及び生徒それぞれよりする「授業過程評定尺度」(各項目を五段階評定)は, この表でいえば, いわば「Ⅰ授業者」に対するA授業者の「内容 自分の教授行動について」や,「Ⅰ授業者」に対するB学習者の「内容 教師の指導について」「方法 1.評定尺度法」に相当する。他方, カテゴリーは,「Ⅱ学習者」に対するA授業者の「内容 生徒の学習行動について」及びB学習者の「内容 学級の雰囲気や人間関係について」に相当する, といえよう。

第4節　自己評価力の形成を目指す教育評価

第1項　自己評価力の必要

昭和26 (1951) 年の改訂版である『学習指導要領一般編 (試案)』によれば, 学習結果を教師のみでなく, 学習する子どもも知る必要を述べた後, その目指す所にどれだけ近づいているか, そしてまたこれからいかにすべきかを考える糸口となるから, さらに続けて,「児童や生徒は, かれら自身の学習について自己評価を行うことによって, かれら自身のうちに評価の眼を養うことができ, 民主的な成員としてのよい資質を得ることができる」(p.106) とある。つまり, 自己評価の力を身に付けることの重要性が指摘されている。

その後この自己評価力の形成について改めて注目されることは少なくなったが, 近年になって, 例えばアメリカなどでの"メタ認知"(力) などとの関連から注目されるようになった教育評価の一分野であるといえよう。すなわち,「とりわけポートフォリオ評価においては, 学習者の自己評価力を高めることが重要であるため, メタ認知がその基礎となる」と考えられている (辰野千壽他監修『教育評価事典』図書文化, 2006, p.173)。いわば, 自己

評価（力）とはメタ認知（力）の絶えざる過程であるといえよう。

第2項　過程的教育評価活動としての授業研究

　鈴木氏は「授業分析が授業のなかでの教師の指導性（発問や指示，それらの子どもの認識を深める役割，認識を交流し，さらに発展させる役割など）分析を主眼とすることは言うまでもないが，その際，子どもがどう活動したかを検出して，それによって教師の方を分析，評価することになる。この『子どもがどう活動したか』は，じつは，子どもの評価でもあり得る」という（鈴木秀一「授業研究のいくつかの課題」『授業研究』No.197，臨時増刊，明治図書，1979，p.36）。そして，この子どもがどう活動したかによって教師の授業を分析・評価する手法は「授業過程，あるいは日常的な指導過程のなかで行われるという意味で，そして，一定の授業や指導の結果，産物の評価と区別するという意味で，『過程的教育評価活動』と呼ぶことができる」（同上書，p.37）という。

　そして，この子どもがどう活動したかによる“過程的教育評価活動”は，「すぐさま，教師の活動（教育内容の再編成から授業運営にいたる）の評価となり，授業改善の見とおしを与え，かつ，個々の子どもの発達に必要な指導内容，方法についての見とおしが得られる，という意味で，もっとも重要で，かつ有効な教育評価と言うべきである。これらの過程的な評価は，……理論的にも，実験的，実践的にも追求が重ねられることによって，仕上げられていくならば，現在の入試制度に典型的に見られるような『テスト』崇拝，とくに記憶再生能力（これとて，十全評価されているとは言い得ないのだが）の評価の異常な肥大状況を克服する力となっていくだろうし，また，そうしなければならぬと思うのである」（同上書，p.37）。「現在のテスト体制を克服するには，横行するテストでは測れない，価値あるたくさんのことを授業で広汎に創り出していくことを土台にしなければならず，そのような創造的な授業研究がいまほど要請されている時はないと思うのである」というのである（同上書，p.40）。

第3項　自己評価力を求める教育評価

　安彦氏は，昭和58年11月の中央教育審議会の教育内容等小委の『審議経過報告』やそれに基づく学校現場での「自己評価」研究は，「結局単なる評価技術研究に終わっている」（安彦忠彦『自己評価－自己教育論を超えて』図書文化，1987，p.11）ことに不満を抱き，その解決を目指して同書をまとめている。

　この中で氏は，自己評価について，橋本氏らの定義を踏まえながらも，島津一夫氏のそれ，すなわち「自己評価とは，生徒が自らの人となりや学習の状態や態度などを反省してみることである」（同上書，p.72）を取り上げ，「私は『自己評価』よりもこの語（反省―筆者注）を用いたい気持ちが強い」（同上書，p.73）という。

　次に氏は，〈教科学習における自己評価法〉として一般的な「(1) 自己採点法，(2) 自己評価票（カード），(3) 総合採点法，(4) 総合討議法（復習バズを含む）」（同上書，pp.118-135）を，また〈教科および生活行動の自己評価法〉として「Ａ短期的……感想文法，作文法，Ｂ長期的……感想文法，作文法，日記法，自伝法」（同上書，pp.135-173）を，それぞれ解説している。

　ところで氏が，なぜ評価研究が"評価技術研究"に成りさがっているかというと，現実に"自己教育（力）"といいながら，"自己評価"とか"評価"に関しては全くの言及がないのに，それを取り上げているからということになる（同上書，p.250）。

　そして，自己評価ないしメタ認知と関連していえば，氏は「『知識』との対比でいえば，『知恵』に結びつく自己評価の必要性，重要性の強調である。つまり『自己評価』は，今後，学習主体の知恵をどれだけ高め，深めえたか，という『知恵』レベルにおいておこなわれねばならない，ということである。もちろん『知識』レベルの自己評価を不要のものとするのではない……」（同上書，p.259）という。

しかし，いくら自己評価が大切だということがあっても，田中氏のいうように，「自己評価の重要性が指摘され，さまざまな実践が試みられている。しかしながら，その自己評価が強調される文脈が，『教え』から『学び』へ」，「『外的評価』から『内的評価』へという二項対立を前提とした重点以降の文脈で語られ，あたかも自己評価で評価論が自己完結するというような印象を与えている。……（しかし）……外的評価と内的評価の双方からなる関係性を創り出すことが大切である。外的評価は内的評価をくぐることによって，内的評価は外的評価に照らし出されることによって，確かな自己評価能力の形成が可能となるであろう」（田中耕治「戦後教育評価論の位相と展開」日本教育方法学会編『教育方法27　新しい学校・学級づくりと授業改革』明治図書，1998，pp.141-142）と考える必要があると思う。

第5章

教育課程の評価

第1節　第二次世界大戦後の教育課程政策と評価

第1項　教育課程とは

　第二次世界大戦後の昭和22年の学習指導要領一般編（試案）によれば「教科課程」という語が，昭和26年の学習指導要領一般編（試案）では「教育課程」という語が，それぞれ使用されていた。両者の規定は異なっているのであろうか。この異同関係をまず探りたい。

　すると，昭和22年には「……教育の目標を達するためには，多面的な内容をもった指導がなされなくてならない。その内容その性質によって分類し，それで幾つかのまとまりを作ったものが教科である。このまとめ方にはいろいろな立場があるので，教科といっても，そのたて方にはいろいろあるわけである。……どの学年でどういう教科を課するかをきめ，また，その課する教科と教科内容との学年的な配当を系統づけたものを，教科課程といっている」（文部省『学習指導要領一般編（試案）』明和印刷，昭和22年3月，p. 11）と述べている。これによれば，学校で指導しようとする内容はすべて「教科」ととらえ，どの学年でどんな教科と教科内容とを課するかを学年的に配当し系統づけたものが教科課程とよばれている。

　昭和26年になると，「われわれは，児童や生徒の現実の生活やその発達を考えて，どの学年からどの教科を課するのが適当であるか定めなければならない。そしてまた同一の教科であっても，その内容をどんなふうに学年を追って課するのが適当であるかという考慮も必要になる。また，教科以外の教育的に有効な活動，あるいは特別教育活動も，児童や生徒の発達を考えて

適切な選択が行われるようにしなければならない。このように児童生徒がどの学年でどのような教科の学習や教科以外の活動に従事するのが適当であるかを定め，その教科や教科以外の活動の内容や種類を学年的に配当づけたものを教育課程といっている」（文部省『学習指導要領一般編（試案）』明治図書，昭和26年7月，p.16）と述べている。

　つまり昭和22年と基本的な変更はないといえよう。教育課程とは学校で指導しようとする内容や種類をどの学年でどのように教えるかを配当化したものである。昭和22年と異なる点は，昭和22年では「教科」を教えるとしていたが，昭和26年では「教科」と「教科以外の活動，あるいは特別教育活動」が区別され，両者を包含するには教科課程では具合いが悪い。どうしても"教育課程"という言葉でなければならないというわけである。

第2項　教育課程政策と評価

　ところで，このような教科課程ないし教育課程は，当時，評価の対象であった。昭和26年版学習指導要領一般編（試案）の第Ⅳ章として「教育課程の評価」と題し次のような文章があった。すなわち，「それぞれの学校においては，それぞれの教育課程が作られ，それに基づいて教育が行われている。この教育課程は，絶えず，教育課程構成の原理や実際の指導にかんがみて，それが適切であったかどうかが評価されなければならない。評価といえば，学習成果の評価のみを考えやすいが，教育は，あらゆる部面にわたって絶えず評価される必要がある。教育課程を評価することによって，われわれは，一つには，その教育課程の目ざしている教育目標が，どの程度に実現されることができるかどうかを知ることができる。また，二つには，教育課程の改善と再構成の仕事の資料を得ることができる。教育課程は，このように，それを絶えず評価することによって，常に改善されることになる」（同上書，p.97）。

　では，そのような教育課程評価を行う者は誰であろうか。続けて，「教育課程の評価は，直接にその計画に参加した人々の責任において行われなければならない。しかし，教育課程を実際に展開していくのは，ひとりひとりの

第 5 章　教育課程の評価

教師と児童・生徒とである。本来，教育課程の計画や展開について，示唆を与えている学習指導要領や，その他の文書は，あくまで，実施のための手引き書であって，それをどのように生かしていくかは，教育を実践する教師ひとりひとりの責任にかかっている。その意味で，自ら実施した活動について，絶えずあらゆる機会においてそれを検討し，評価し，これに改善を加えていく責任が，とりわけ個々の教師には課せられている」（同上書，pp.97-98）という。

では，「直接にその計画に参加した人々」とは誰かというと，「教育課程の評価は，きわめて広い範囲にわたってなされなければならないし，また，広い見とおしの上に立って多くの人々の実際の経験や意見をもとにして行われる必要がある。したがって，単に個々の教師の評価のみでなく，多くの教師の協力によって，さらに学校長・指導主事・教育長なども参加して，協力的に行われる必要がある。指導主事や教育長は，その地域の教育課程について責任を持つべきであるから，その評価についても深い関心をもち，有効な評価の方法をくふうして教師に示唆する必要がある。また，教育課程の評価は，専門的知識を必要とする部面があるから，教育課程についての専門家の援助を受けることも必要であろう」という（同上書，p.98）。すなわち，教育課程の評価には多くの教師の協力，さらには学校長・指導主事・教育長，また教育課程に関する専門家等々が関わるが，中でも実質的にこれを進めていくのは教育課程を実際に展開していく個々の教師であるというのである。

では，いったい教育課程の評価とは何を指すのであろうか。「教育課程の評価は，それが児童生徒の望ましい成長発達にとってどの程度寄与することができたかということ，すなわちその有効性に関してなされねばならない。このような評価をする着眼点のいくつかを次に考えてみよう」といい，次のような項目ごとに話を進めている。すなわち，「(a) 教育的な成果から行う評価，(b) 実験研究によって行う評価，(c) 外部的な要素による影響の分析：(i) 地域社会の人々の影響，(ii) 入学考査，(iii) 地域社会の伝統，(iv) 地域社会の職業的な経験，(v) 教育課程の進歩を促す好ましい外部要素，(d) 地域社会に与える影響からみた評価，(e) 指導法からみた評価，

(f) 教育課程の改善を行うに至った導因およびそれに用いられた方法の評価」である（同上書, p.98）。

第2節　カリキュラム評価の登場と展開

　考えてみると，昭和22年，26年に出された時には〈試案〉が示すように，多くの学校人にとって学習指導要領は"手引き"ないし"参考書"であり，よい点のみ，気にいった面のみを取り出して使うということも可能であった。このようなとき，たとえ22年，26年の学習指導要領に"教育課程の評価"ということがいわれても，それ自体新たな評価の側面であったし，どんなことをするかも全く初めてであり，手がつかなかったのかも知れない。

　その後，しばらくの間，この教育課程の評価という面は，教育界から消えることになる。学校現場からはもちろん，理論的世界からも消えることになる。その理由は分からない。そして，昭和33年からは一層そうなったのかも知れない。すなわち，昭和33年の学習指導要領は"告示"となり，法的拘束力をもつようになった。それゆえ，教育課程といえば学習指導要領のことであり，それを評価したり，あるいは改善策を考えるといった教育課程評価は学校現場からも，あるいは理論界からも姿を消したのかも知れない。

第1項　砂沢喜代次氏のカリキュラム評価論

　砂沢氏は，早くからわが国で"カリキュラム評価"という言葉やその在り方について述べたが，それは「カリキュラムの構成は評価を前提にすべきであり，評価は実践を前提とすべきであるということは，……つまり，実践→評価→構成（計画）→実践→は，螺旋状的に限りなく進められていって，いわゆる『発展的カリキュラム』（『創造的カリキュラム』）をそこにみることができるという考え方であった」（砂沢喜代次「終章　授業評価と教育課程の検証」全国授業研究協議会『授業評価入門』明治図書, 1969, p.217）。そして，そのような考え方の基本は「ストレートメーヤー女史（コロンビア大学教育学部教授）らの『現代生活のためのカリキュラム構成』には学ぶと

ころが多かった」(同上書, p. 216)。しかし,「わたしが, それを（カリキュラム評価―筆者注）授業研究に求めることになったのは, 北大に転じて五年ほど経った昭和33年ごろである。それはまた, 文部省による小・中学校教育課程の全面的改訂と, それに対する日教組の自主編成運動の展開と, さらにわたしたちが自主的に結成した『北海道教育課程研究会』の活動の開始とほとんど同時期であった」という（同上書, pp. 217-218)。

　なぜか。この両者の間には何が介在しているのであろうか。彼によれば,「授業をつねに新たに創造していくために不断の実践と研究とが必要となる。それは, そのまま, 教育課程およびその自主編成のための研究と実践につながる。わたしは, 教育においては実践が研究であり, 研究が実践であると主張しつづけている一人であるが, 授業を研究することの本義はまさにこれである」(同上書, p. 218)。「授業の主体である教師の教授活動, 子どもの学習活動, さらにこれらの活動を触発し媒介する教材の内容や構造の不断の吟味と, 教師が子どもたちとともに生活し活動する人間集団の形成変容の過程についての追究なくしては, 教育課程の研究も実践も評価も考えられないのである」(同上書, p. 219)。「『評価もまた教育（授業）である』ということをいったが, それは授業の良し悪しとか, 成功失敗とかを判断するのを, わずか一時間や数時間に求めるのではなく,『授業の近景は遠景に通ず』または『授業の近景と遠景との統一』という立場で, 広い, 長い目に託するということを意味する。こうした立場で授業を評価することは, 教育全体のすじみちや組織化方向としての教育課程を検証することにつながる」(同上書, p. 222) のである。

　だから, 彼はいうのであろう。「どうして」に結びつかない「何を」の研究例として, 二つ指摘したいが, 一つは「終戦直後, 新教育運動に乗じて展開されたカリキュラム研究がその好例である。なるほど, そこではカリキュラム構造論が華やかに研究され, ……しかし, それがどのように運営されるか, 子どもたちにどのように与えられるか, という研究をほとんど要請しなかったため, わずか二年あまりで断ち消えてしまったのである」。今ひとつは「文部省による小・中学校（すぐそのあとで高校）の『学習指導要領全面

改訂』に前後して展開されたところの，日教組による『教育課程自主編成運動』である。あの二，三年の間は，教組研究集会では，『運動論』と『構成論』とが活発に論議され，対立し，『自主的編成とは自主的教育である』といった見解も出されたりした。……運動論とは，……構成論は，反対ばかりしていて具体的に何らのカリキュラム・プランももたないでは，その反対は無力なものになるから，そのプランを作るべきであると主張する。……しかし，運動論と構成論の対立のなかで，ようやく全国的にも教師たちがたどりついたのは，『教育の全体構造を正しくとらえ，何をどのように教えるかを統一的に明らかにすることこそ，教育課程自主編成の正しい方向であり，そこから具体的な編成の手続きなどもうまれるであろう』という認識であった。昭和三十六，七年ごろのことである。こうした共通の認識のなかから，日教組文教活動の中核的部分を占める授業研究が行われることになったのである」（砂沢喜代次「Ⅵ　教育の全体構造と授業研究」砂沢喜代次編『講座授業研究　授業の組織化と検証』明治図書，1965, pp.245-246）。「かってのカリキュラム改造運動と，ここ五，六年来の教育課程自主編制運動とがちがういま一つの点は，前者が単なる教材ないし教育内容の問題に終始していたのに対し，後者がそれと同時に，それと不可離な関係にある教育方法の問題を，具体的かつ実践的な日々の授業の中で追究すること，つまり『何をどうして教えかつ学ぶべきか』の授業研究に支えられていることである。ここで，教育の全体構造－教育課程の構造→教授・学習過程の構造という路線が確立されるわけで，この路線に沿わないものは正しい授業研究とは言えない。授業の組織化というのは，わけてもこうした構造路線を前進することをその本来の姿としている」（同上書，p.3）と。

第2項　安彦忠彦氏のカリキュラム評価論

安彦氏のいうところによれば，「従来の授業研究において，評価の問題は常に検討すべき研究領域として重視されてきた。しかし，『授業評価』という用語によって独立の研究領域であることが打ち出されたのは，おそらく砂沢喜代次編著『授業評価入門』（1969年）においてであろう」（安彦忠彦「授

業評価とカリキュラム評価」日本教育方法学会編『教育方法 6　授業研究の課題と方法』明治図書，1974，p.41）と。つまり，同氏も教育課程（＝カリキュラム）評価の研究はわが国では立ち後れていたというのである。

　それでは，砂沢氏についての彼のいうところを今少し引用すると，「氏（砂沢氏—筆者注）は自身のそして授業研究経験の出発点を，戦後の新教育におけるカリキュラム改造運動の中で，必要に迫られて始めたカリキュラム研究に見ている。……昭和33年頃から，カリキュラム評価研究の関心を授業研究において深めようという方向に進んだのだという。この辺の移行の基本的な理由を砂沢氏は二つあげている。第一に，昭和33，34年の文部省による学習指導要領と教育課程の全面改訂に対する学校現場の教育課程自主編成の運動の中で，氏自身も，……学校で実践的に追究される自主編成の対象たる教育課程構成の枠組みを，教育の全体構造の追究のための主要な課題として重視したこと，第二に，この自主編成運動が，教材ないし教育内容の問題と同時に，それと不可離な関係にある教育方法の問題を，具体的かつ実践的な日々の授業の中で追究すること，つまり『何をどうして教えかつ学ぶべきか』の授業研究に支えられていること，である」（同上書，p.42）。すなわち，砂沢氏は，従来の授業研究の中に「授業評価」という新たな独立領域をみいだしたが，それはことに昭和33，34年の学習指導要領の改訂を機に，①教育課程の自主編成という枠組みを維持し，重視したかったこと，②その動きと連動させて教育方法の問題を追究したかったこと，をその理由として語っているのである。

　ところで，安彦氏によれば，「アメリカの最近のカリキュラム評価研究は，一見するとちょうど砂沢氏と逆の形で授業と結びついてきている。すなわち，砂沢氏の場合は『授業評価』の中に『カリキュラム評価』を位置づけているが，アメリカの場合は，『カリキュラム評価』の中に『授業評価』が含まれているように見える」（同上書，p.45）といい，そのような中でも「比較的まとまっている」としてステイク氏のモデルの紹介をするのである。

　そして，彼は，このようなベースから「『カリキュラム評価』を『授業評価』とは分離しないが相対的に独自の領域として確立」（同上書，p.41）し

ていこうとし，日本においてはことに「三 『カリキュラム評価』研究は，『カリキュラム理論』研究と不可分である。その意味で，日本における『カリキュラム理論』研究の停滞と不毛を克服する一つの有用な通路である。しかも先述のように文部省の学習指導要領等を，理論的・実証的に，その意味で積極的・建設的に批判しうることが，カリキュラム研究の最も現実的な課題である。ここに教育評価の一部としての『カリキュラム評価』研究の，当面の最大の意義を認めねばならない」（同上書，p.50）という。

第3項　文部省のカリキュラム開発国際セミナーの開催

安彦氏のカリキュラム評価論とほぼ時は同じであるが，文部省の『カリキュラム評価の課題』（昭和50年2月）にも言及する必要がある。すなわち，文部省は昭和49（1974）年3月18～23日まで東京で「カリキュラム開発に関する国際セミナー」を開催し，その報告書を昭和50年2月に出したのである。

それによると，「OECDでのカリキュラムの概念は，教育目標，教育内容，教材，教授・学習活動さらには，評価の仕方までを含んだ広い概念である。単に，学習指導要領や教科書を指すものではない。学習者に与えられる学習経験の総体をカリキュラムと呼んでいるのである。いわゆる『顕在的カリキュラム（manifest curriculum）』と『潜在的カリキュラム（latent curriculum）』という概念も，以上のような広いカリキュラム概念によってはじめて包摂可能となるのである。……『学校に基礎をおくカリキュラム開発（school-based curriculum development）』という考え方も，カリキュラム概念の拡張に伴って必然的に生まれてきたといってよいであろう」（文部省『カリキュラム開発の課題―カリキュラム開発に関する国際セミナー報告書』，pp.47-48）という。つまり，カリキュラム概念は学習指導要領よりも広いものとして考えていく必要があるという指摘である。

しかも，「ここでの『評価』とは，個人の学力などの評価，『個人の評価』ではなく，『カリキュラムの評価』だということである。……ある固定的なカリキュラムを長期にわたって実施し，その結果を総括的に評価して，その

カリキュラムの是非を判断する（summative evaluation）というのではなく，そのカリキュラムにもとづく教授・学習過程をモニターしながらカリキュラムを改善していかなくてはならない。いわゆる『形成的評価』（formative evaluation）の問題である。しかし，このような形成的評価の具体的な方法論はまだ充分に確立したものとはなっていないのが現状である」（同上書，p.48）という。つまり，"学習指導要領"といえどもカリキュラム評価の遡上にのぼるのだし，また，その評価は，カリキュラムの是非を問う総括的評価（summative evaluation）ではなく，「形成的評価（formative evaluation）」でなければならないというのである。

　ところで，このセミナーでは「形成的評価」を進める上における「対比的なアプローチ」として，「工学的接近」と呼ばれる教育工学的アプローチと，黒澤明監督によって映画化され，世界的に知られるようになった芥川龍之介の小説「羅生門」にちなんで「羅生門的接近」と呼ばれるアプローチとをとっている（同上書，p.49）。これを「評価」の側面において，対比すれば，次のようである。すなわち，「『工学的接近』においては，評価はあくまでも行動的目標に照らしてなされる評価である。また，それは，『目標に準拠した評価（goal-reference evaluation）』である。……評価には客観性が要請される。また，多くの人が一致することのできる評価の一般的な枠組みが目ざされることにある。そこから，結果的には，心理測定学的な評価，数量化された測定と評価が重んじられることになる。このような文脈の中で，カリキュラム評価においては，『標準準拠テスト（norm-referenced test）』と区別される『基準準拠テスト（criterion-referenced test）』が重要であることが指摘されるのである。

　これに対して，『羅生門的接近』では，目標からは一旦離れた記述が重んじられる。『目標にとらわれない評価（goal-free evaluation）』がなされる。……そのためには，教育評価の専門家による評価だけでなく，また，目標を知っている人による評価だけでなく，異なる視点をもつさまざまな人々，たとえば，教師，子ども，父母，芸術家，ジャーナリストなどの観察報告や評価を尊重すべきだとするのである。……それぞれがカリキュラム開発にとっ

て有用な評価情報を提供してくれる可能性をもっているのである。そこで，客観的で数量的な評価測定だけでなく，主観的で常識的な記述を重視すべきだ，ということにある。この考え方の基底には，評価者は，それがだれにせよ，一人の人間である。したがって，その人間特有の偏り，バイアスがある，という考えがある」（同上書，p.51）。

そしてまた，「『羅生門的接近』が，認識の相対性を強調し，多様な視点からの評価を重視することの底には，カリキュラム評価においては，意図された結果だけでなく，意図されなかった効果，あるいは気づかれさえもしていない効果，いわば副次的効果が，時には重大な教育的意義を持ちうる，という考えがある。……評価についての以上のようなちがいは，研究方法にも現れる。『工学的接近』の形成的評価が『標本抽出』された学習者の基準準拠テストによる評価を採用するのに対し，『羅生門的接近』では，事例・個別研究法（case method）が重視され，個別の多面的な観察と評価が採用されることになる」（同上書，p.52）という。

以上の両者の対比は，次のようにまとめられるという（同上書，p.52）。

「工学的接近」と「羅生門的接近」の対比
―評価と研究―

工学的接近	羅生門的接近
目標に準拠した評価（goal-reference evaluation）	目標にとらわれない評価（goal-free evaluation）
一般的な評価枠組（general scheme）	さまざまな視点（various perspectives）
心理測定的テスト（psychometric tests）	常識的記述（common sense description）
標本抽出法（sampling method）	事例法（case method）

なお，「両接近の対比は以上に留まらず，さらに目標についても，教材についても，『授業』，教授・学習過程についても現れてくる」（同上書，pp.52-53）という。

以上，国際セミナーの第2分科会の報告（第4章）を中心にカリキュラム評価の特質をみてきたが，カリキュラム評価は形成的評価とみなすこと，そ

第5章　教育課程の評価

れには従来の「工学的接近」のみならず,「羅生門的接近」のあることを認めることなどが広く共有され,ことに羅生門的接近は評価のみならず,目標,教材,教授・学習過程等,いわゆる教育のあらゆる領域・側面に適用可能ということで目新しく映ったものであった。

第4項　SBCDの登場と発展

SBCDの考え方

　カリキュラムを開発し,子どもにあった教育を展開しようという動きとしてSBCDをあげることができる。SBCDとは「学校に基礎を置くカリキュラム開発（School Based Curriculum Development）」の略（SBCD）であり,70年代にOECD加盟国を中心に登場したとされている。この動きへの直接的な言及は,例の文部省開催の「カリキュラム開発に関する国際セミナー」のOECDからの専門家の一人であったスキルベック（M. Skilbeck）氏による紹介である。

　その報告書にあるように,このSBCDの考え方は,文字通り,カリキュラム開発における「下からの」開発の一つであり,「学校をカリキュラム開発の場と考え,そこでの日常的な活動を通して開発を進めていこうとする考え方」(文部省『カリキュラム開発の課題』1974, p.21) である。そして,そのためには,スキルベックによれば「教師のもつ潜在的な重要性」を認識することであり,①国家レベルおよび地域レベルのイニシアティヴと指示が不可欠である。具体的には,教師に自由な時間を与えること,地区教員センターを準備し充実すること,学校教育に携わる人々を含んだ地域共同プログラムをもつこと,専門家アドバイザーと技術的サービスの提供が必要であり,②基準的なシラバス,教科書,さらに試験などを実質的に修正したり,あるいは放棄することを含むような教育上の大きな変革が必要であるという（同上書, p.104)。

　SBCDの考え方は70年代にOECD加盟国を中心に登場したとされているが,しかしその考え方よりすれば,第二次世界大戦後の新教育運動の中で各地で開発されたコア・カリキュラム（桜田小,本郷小,福沢小,北条小,明

石小，奈良附小等）などはその歴史的遺産と考えられる。あるいは，文部省（現文部科学省）の1976（昭和51）年からの研究開発学校制度のスタートをあげることができるであろう。というのも，この制度は，新たな教育課程の基準を求めるために3年間にわたり現実の学習指導要領を離れ，教育課程や指導方法等を自由に研究開発できる制度であるからである。平成元年の「生活科」の誕生はこの制度によるところが大きかったといわれているし，またこの延長・発展として平成10年に新設され，小学校3年生から高等学校にまで導入された「総合的な学習の時間」は，このSBCDのわが国における開花の一つ一つであるといえよう。

「日常的な活動」・教育実践に着目し，天野氏は「『学校に基礎を置くカリキュラム開発』は，ただ単に教育活動の計画を計画を立て，指導計画を作成するということだけにとどまらず，その計画を個々の授業過程を通して実施し，実施した結果を評価し，評価の結果をフィードバック情報として最初の計画の改善に生かす，という一連の活動として行われる」（天野正輝『評価を生かしたカリキュラム開発と授業改善』晃洋書房，2006，p.34，参照，山口満『現代カリキュラム研究』学文社，2001，p.63）という。まさにその通りというほかない。カリキュラムは開発すれば，すなわち計画し，実践すればそれで終わりというのではない。実践した結果をもとに最初の計画や実践を反省し，事後の改善に生かすということまで含める必要があると思うのである。

総合的な学習の時間の新設とSBCD

ところで，わが国において，生活科は「教科」として新設されたが，総合的な学習の時間はそうではない。学校の教育課程は各教科（必修教科，選択教科），道徳，特別活動より構成されているところへ，総合的な学習の時間が新たに加わったわけである。このため，現場を中心に，総合的な学習の時間は教科ではないし，道徳や特別活動と同じ領域か。あるいは「時間だ」等々，多様な受け入れがみられた。しかし，たとえ教科でなくとも，教育課程の一翼を担っていることは事実だし，教科であろうと領域であろうと，あるいは時間であろうと大した問題ではないといえよう。問題は，例えば中央

教育審議会の『初等中等教育における当面の教育課程及び指導の充実・改善方策について（答申）』（平成15年10月7日）にいうように，むしろ各地・各学校にまかされている形の内容開発が思うように進んでいないということであろう。すなわち同答申は，この時間の一層の充実のために，「具体的な取組みとしては，各学年の「目標」・「内容」を含めて『総合的な学習の時間』についての『学校としての全体計画』を作成し，具体的な指導の改善，評価の在り方，学年間・学校段階間の連携，円滑な実施のための指導体制等について，自己評価を実施すること等により取組内容を不断に検証するとともに，学校間で実施上の情報や意見の交換を行うことが考えられる」と提言したのである。

　周知のように，今回平成20年の学習指導要領の改訂により，総合的な学習の時間に関しては第5章（中学校は第4章）で取り扱われるように変更され，かつ授業時間数は週2時間平均に縮小されることになった。しかし各地・各学校における取り組み，とりわけ「内容編成」に関し進歩の状況はいかがであろうか。

　内容に関して，その例示に変更はないものの，例示内容に関して小・中学校間で若干の変更がみられる。例えば小学校では「学習活動については，学校の実態に応じて，例えば国際理解，情報，環境，福祉・健康などの横断的・総合的な課題についての学習活動，児童（生徒）の興味・関心に基づく課題についての学習活動，地域の人々の暮らし，伝統と文化など（ここまで，すなわち「地域の人々との暮らし，伝統と文化など」は中学にはなし）地域や学校の特色に応じた課題についての学習活動などを行うこと」と規定されている。中学校は，さらに，最後に「職業や自己の将来に関する学習活動などを行うこと」と加わっている。そして，各地・各学校には，これらの例示課題を基に自校なりの「内容系列表」を，いうなればカリキュラムを作成・開発し，実践し，評価することが求められているわけである。

　以下，各地・各学校ではこのカリキュラムづくりはあまり行われていないのではないかという前提から，この時間に向けたカリキュラムづくりに関する若干の提案をしたいと思う。

総合的な学習の時間の内容系列表（平成12年度）

	小学校3，4年生 気づき，関心をもつ	小学校5，6年生 自分の視点をもって見る
横断的・総合的な課題（国際理解） a 異文化理解及び異文化尊重の態度を育てる。 b 共生（国際交流・協調）していく資質や能力をはぐくむ。 c 自国の歴史や文化の理解を深めるとともに，自己の確立を図る。 d 外国語によるコミュニケーション能力を高める。	a 外国の文化や人に進んで親しもうとする。 b 共に活動することを通して人とのかかわり方を学ぼうとする。 c 郷土の文化や先人の偉業，歴史について調べ，興味・関心をもとうとする。 d 外国語に興味・関心を持ち，歌や言葉を覚えようとする。	a 世界中の国々に様々な文化や特色があることを知り，視野を広げよとする。 b いろいろな考えを持った人々と積極的に交流しようとする。 c 日本の歴史や伝統，文化について学び，大切にしようとする。 d 外国語による簡単な日常会話に慣れ親しもうとする。
横断的・総合的な課題（環境） a 様々な体験活動を通して，自然に対する感受性や環境への関心を高める。 b 環境問題と生活様式とのかかわりについて理解を深める。 c 環境保全やよりよい環境創造のために，主体的に行動する実践的な態度を育てる。	a 身近な自然環境に興味を持ち様々な事象があることに気づく。 b 自分たちの生活と周りの環境との間には，いろいろな関連性があることに気づく。 c 自分たちの直接かかわれる範囲で，地域の環境保全に積極的にかかわろうとする。	a 生き物と環境との調和について関心を持ち，自然や環境との共存・共栄について考える。 b 環境とのかかわりにおいて日常の自分たちの生活を見直し，関連性について考える。 c 身近な自然環境に積極的にかかわり自分たちを取り巻く環境を大切に守ろうとする。
横断的・総合的な課題（福祉・健康） a 他者への尊重・尊敬・思いやりなどの豊かな人間性をはぐくむ。 b 高齢社会の特質・問題点を理解し，介護・福祉などの課題について考える。 c 健康で安全な生活について理解を深め，実践することができる能力や態度を育てる。	a 身の回りには，様々な人がかかわり合いながら，共に生きていることに気づく。 b 身近にいる高齢者の人たちと共に活動する機会を通じて，温かい気持ちで接するようにする。 c 健康的な生活を送るために必要な事柄に関心を持ち，健康的な習慣・態度を身に付ける。	a 日々の生活が，人々の支え合いや助け合いで成り立っていることに気づく。 b 高齢者の福祉施設を見学したり，高齢者との交流を通して，高齢社会の抱える課題について考える。 c 健康を維持していくために，よりよい生活環境を創造しようとする態度を身に付ける。
児童生徒の興味・関心に基づく課題 a 芸術・芸能作品の創造や鑑賞を通して，情操豊かな生活を過ごす素地を養う。 b 興味・関心のある事物に対し，それを表現したり製作したりする活動の楽しさやおもしろさを味わい，深める。 c 遊び・興味・娯楽にかかわる活動の楽しさやおもしろさを味わい，深める。 d 自分の価値観を確立し，職業観・労働観を広げる。	a 様々な芸術・芸能作品にふれる機会を通して，それらへの興味・関心を持つ。 b 様々な表現活動や製作活動に意欲的に取り組もうとする。 c 様々な遊びや娯楽にかかわる活動を通して，それらへの興味・関心を高める。 d 地域の人たちの仕事や働く姿から，様々な職業に関心を持つ。	a 興味のある芸術や芸能に直接触れたり，情報による体験をしたりして，生活を潤いあるものにする態度と習慣の素地を身に付ける。 b 自分に興味・関心のある表現活動や製作活動の体験を通して，その楽しさやおもしろさを味わおうとする。 c 自分の興味・関心のある遊びや娯楽にかかわる活動を通して，その楽しさやおもしろさを味わう。 d 各種産業と国民生活との関連を理解し，働くことの意義を考える。
地域や学校の特色に応じた課題 a 地域の伝統・文化・行事・生活習慣・政治・経済・産業などの現状や問題点を理解する。 b 地域や学級，学校で生じる生活上の問題について，各人なりの解決・進展に努めようとする。 c 地域や学校での行事などを通して，自他を尊重しつつ協力的に取り組もうとする態度を育てる。	a 地域の身近な行事などに興味・関心を持とうとする。 b 地域社会や学校生活で生じた問題について，フィールドワーク等の活動を通して，その解決にあたろうとする。 c 地域や学校での行事・活動に進んでかかわり，参加しようとする。	a 地域の伝統や歴史，更には，地球の現状や問題点等について理解を深めようとする。 b 学校生活の中で生じた問題や課題について，自己とのかかわりにおいて解決の方向性を探る。 c 地域や学校での行事・活動に進んでかかわり，他の人たちと協力しながら，よりよい行事・活動にするため工夫しようとする。

第5章　教育課程の評価

四日市市立教育センター

中学校1，2年生 深さ・広がりを知る(科学的歴史的理解)	中学校3年生以上 より深く広くとらえる
a　他の国の文化や歴史への関心を高めるとともに，正しい理解に努めようとする。 b　異なる考えや立場の人や外国の人と協調し活動しようとする。 c　日本人としての自覚を持って自国を見つめようとする。 d　外国語によるコミュニケーションを積極的に図ろうとする。	a　他の国の文化や伝統を尊重しようとする。 b　外国の人と積極的に交流を図り，親善に努めようとする。 c　これからの国際社会の中で果たすべき，日本や日本人の役割について考えようとする。 d　外国語で意思の疎通ができるようにする。
a　新しい視点や論理で身近な自然環境を見直すとともに，産業と自然や環境とのあるべき姿を考える。 b　生産・流通・消費といった人間の生活の営みが，様々な面で環境に影響を及ぼしていることを理解する。 c　環境に配慮した生活スタイルを身につけ，家庭や地域で実践しようとする。	a　地球規模での環境問題や自然破壊等に触れることにより，環境問題について総合的に思考・判断できるようにする。 b　人間の生活と環境との関連性を幅広くとらえ，環境に対する人間の責任や役割について理解する。 c　身近な環境を保全しよりよい環境を創造するために，自分たちでできることを行動に移そうとする。
a　いろいろな人との交流を通して，互いの違いを認め合い，他者を思いやり大切にしようとする。 b　高齢社会の現状や問題点をとらえるとともに，ボランティア活動の体験等を通して，福祉に対する認識を深める。 c　生命の尊さを理解し，健康な生活を維持していくための実践力を身に付ける。	a　他者を思いやり，共に生きる社会の一員としての自覚を高めようとする。 b　高齢化問題を自らの課題としてとらえ，介護・福祉等の在り方について考える。 c　自他の生命を尊重し，生涯にわたり健康な生活を維持する実践力を身に付ける。
a　芸術や芸能を愛好する心情を持ち，心豊かな生活を創造しようとする。 b　表現したり製作したりする活動をさらに創意工夫することにより，楽しさやおもしろさを倍増させようとする。 c　趣味や娯楽などの楽しさを味わうことを通して，生活を潤いのあるものにしようとする。 d　職業調べや職業体験を通して自らの適性を知り生き方を探る。	a　芸術・芸能作品の創造や鑑賞を通して，生涯にわたって情操豊かな生活を送ろうとする素地を養う。 b　自分の興味・関心のある表現方法や製作活動を楽しむことを通して，より豊かで個性的な発想や想像ができるようにする。 c　趣味や娯楽などの楽しさを味わうことを通して，個性を生かした生き方を求めようとする。 d　より充実した生き方を求め自分の進路を切りひらこうとする。
a　地域の専門家や様々な立場の人の意見を聞いたり，情報を収集したりして，地域や生活上の諸問題について深く理解しようとする。 b　様々な立場の人の意見を聞いたり話し合ったりして，生活上の諸問題に対し，客観的に公平な解決を目指そうとする。 c　学校・学級の一員としての自覚を持ち，協力し合って，生活の向上に努めようとする。	a　地域社会の抱える問題や現状を政治，経済，産業等の動向とからめて，幅広い視野から分析・思考しようとする。 b　地域や学校，生活上の諸問題について，多面的・総合的に判断し，解決しようとする。 c　地域社会の一員として，自他を尊重しつつ，よりよい社会の実現を目指して，その発展に尽くそうとする。

すると，各学校では例示課題をいわばスコープ（内容の範囲）とし，縦列に配置する。他方，横列には，子どもの発達や取り扱いたい学年レベルの内容等を考え，このため小学校3学年から高等学校3学年まで視野に入れたシークエンス（内容の排列）を創る。かくして，縦列と横列のクロスする部分に内容を具体化していく。こんな作業である。三重県四日市市立教育センターは，筆者との密接な協力の下に，前頁に示したような「内容系列表」を作成した（四日市市立教育センター研究調査報告書第315集『総合的な学習の時間の研究（1年次）』2000.3）。同市内の学校をはじめ各学校では，これを一つのたたき台として採用し，各学校なりの総合的な学習の時間に向けたカリキュラムづくり（SBCD）に取り組んで欲しいものである。

第3節　カリキュラム評価のモデルとしてのステイクの「顔」モデル

第1項　ステイクの「顔」モデル

　ステイク（Robert E. Stake）は自らのモデルを「公式の評価」（formal evaluation）と呼び，組織的・体系的であり，客観的でもある教育評価の在り方を提唱する。カリキュラム評価の典型として紹介されることもあるが，要するに，彼はこのような公式の評価によって，ある教育プログラムがほかのものと比べてどのような点で優れているか，劣っているかを客観的に判断したり，あるいは教育プログラムをどのように改善したらよいかという方途を明らかにすることができると考えたのである。

　まず，この「公式の評価」（いわゆる「顔」モデル countenance model）を紹介すれば，次図のようである。

　すなわち，彼によれば，収集されるべき陳述や資料の割り付けは大きく「記述」（description）マトリックスと「判断」（judgement）マトリックスとに分かれ，さらにそれぞれの内部が「意図」（intent）と「観察」（observation），「基準」（standard）と「判断」（judgement）に二分されることになる。

ステイクの「顔」モデル

	意図	観察		基準	判断
理論的根拠		先行条件			
		処遇			
		成果			

〈記述マトリックス〉　　　　　〈判断マトリックス〉

(Robert E. Stake, The Countenance of Educational Evaluation, Teachers College Record, Columbia University, LXVIII-7, April 1967, pp.523-540.)

　そして，それぞれを通じて，評価資料は「先行条件」(antecedent)，「処遇」(transaction)，「成果」(outcome) の三つの側面にわたって分類整理されることになる。このため，計12のセルが設けられることになる。

　いうところの「先行条件」とは，授業前の前提条件であり，例えば子どもの適性，既有体験，興味・意欲，地域の文化的・社会的諸条件，教育目標・内容等が考えられることであろう。「処遇」とは，指導中における教師と子ども，子ども同士のやりとりなど，教育的な働きかけの総称である。「成果」とは，このような教育的働きかけを経て子どもに獲得される成果（能力，知識・技能，態度，意欲等々）である。

　そして，この「先行条件」-「処遇」-「成果」は，彼も認めるように，それぞれ，授業の立案（事前）-実践（事中）-終了（事後）という授業の顕著な段階に沿ってのみならず，先行条件→処遇→成果→先行条件→……というように，この三者は1単位時間において何回となく繰り返される力動的な連続の過程の中にあると考えられる。

　ところで，〈記述マトリックス〉欄における「意図」とは，授業者が構想する「意図」である。ある「理論的根拠」(rationale) に基づいて構想する授業のプランである。

　すなわち，こんな先行条件にある子どもに対して（先行条件），このような授業を展開し（処遇），その結果，このような学習の結果を身に付けさせ

たい（成果）という教師の意図に関する評価資料が分類整理されることになる。「観察」とは，このような意図としての授業プランが，実際にはどのように展開されたか，すなわち先行条件はどうであったか－それに対していかなる処遇をしたか－その結果，どんな学習成果をあげることができたかを記録する欄である。

さて，このようにみると，現実の作業結果として，評価資料・情報をそれぞれ「意図」と「観察」欄に分け，それぞれに該当するものを分類整理する必要がある。そうすると，両者の間には一致点や不一致点（ズレ）のあることに気付くであろう。しかし，彼もいうように，一致したから良い，あるいは不一致だから良くないといった価値判断をすることはできない。しかし，この一致，不一致の分析作業からやがてその教育プログラムの一層ベターなあり方を求めていくことができよう（彼は，このような作業の側面をスクリヴァンのいう形成的評価 formative evaluation に相当するという）。

ところで，その教育プログラムの価値判断のためには，〈判断マトリックス〉欄の評価作業が必要となるのである。そして，消費者や教育管理者，さらには教師がどのプログラムが最善か，どれが最もよく目的を達するか，いくつもの教育プログラムの中からどれを選ぶかといったことになると，「基準」と「判断」による判断の例が考えられることになる（彼によれば，スクリヴァンのいう総括的評価 summative evaluation に相当するという）。

いうところの「基準」においては，ある望ましい基準（先行条件－処遇－成果に関する望ましい基準）から，〈記述マトリックス〉欄におけるある授業計画（「意図」）と実際の展開（「観察」）との間の一致ないし不一致に関する価値判断を行い，必要な授業改善方策を見出していくことになる。「絶対比較」（absolute comparison）と呼ばれる評価である。しかし，彼によれば，この「基準」を求めて，ある一つの望ましい一般的で，共通な指標を見出そうとしてもなかなか困難であるので，むしろそのような望ましいとされる「基準」を多様に収集し，それらを基に記述欄における一致，不一致の状況を比較判断し，必要な改善策を見出すことが大切であるという。

他方の「判断」においては「相対比較」（relative comparison）を行うこ

とになる。それは記述欄における一致，不一致の状況を，別の教育プログラムに関するそれらと比較することによって一定の価値判断（教育プログラムの判断や改善策の模索等）をしようとするのである。

第2項　「顔」モデルの活用

　さて，ここに紹介したステイクの「顔」モデルを活用するとなると，まず〈記述マトリックス〉欄において，次に〈判断マトリックス〉欄における，以下のような作業が必要になるであろう。

　〈記述マトリックス〉欄の方においては，①「意図」欄に沿い，教師の問題解決プランを収集し，整理していくことである。すなわち，教師は一定の「理論的基礎」に沿い，かくかくの「先行条件」にある子どもに，これこれの「処遇」をし，その結果かくかくの「成果」をあげたいという教育プランを作成するわけであるが，評価に際しては，まず，これらの資料を集めておこうというわけである。次には，②実際の指導の展開にそくし，実際の「先行条件」はこのようであった。それに対しかくかくの「処遇」を行い，その結果，これこれの「成果」をあげたという資料を集めておくのである。そして，③それら①②の資料を見比べながら，ここは一致している，あるいは不一致だという検討を行い，その資料を残しておく。そして，一致した方がよかったか，あるいは一致していたがここはこうすればよかった，あるいはここは不一致だが，少し実際に無理があったのではないかなどの分析（スクリヴァンのいう形成的評価）を行うことが考えられる。

　他方では，〈判断マトリックス〉欄における④当該プログラムの良さを見定め，教育プログラムとしての価値判断（値踏み）をすることが考えられる。すなわち，そのプログラムを他の望ましいといわれる授業案や授業との「絶対比較」及び「相対比較」を通してその良さや改善策を見出し，その資料を残しておく（スクリヴァンのいう総括的評価），という作業が考えられる。

　それでは，このステイクの「顔」モデルに沿うとき，実際の評価作業はどのように進められることになるのであろうか。筆者らは，この点について，

実際の授業と評価に取り組んだことがある。改めて，紹介することにしたい（第6章第4節参照）。

第4節　PDSAサイクルとしてのカリキュラムの評価

第1項　教育課程評価の層

　教育課程ないしカリキュラムというとき，一般に次の四つのレベルを考えることができよう。
　一つは，目標や内容及びその系統化の特質を哲学的・教育学的に指示するようなレベルである。経験カリキュラムとか教科カリキュラムと呼ばれるようなレベルである。二つめは，学習指導要領そのものとしてのカリキュラムである。一般にイメージされるカリキュラムはこのレベルであろう。三つめは，学習指導要領に基づいて，各学校で編成される年間指導計画や単元指導計画，さらには週指導計画から1単位時間に向けた指導計画（指導案や本時案）である。なお，いわゆる教科書も，このレベルのカリキュラムとして同等に考えてよいと思う。というのも，学校で指導計画を作成するとき，教科書は，学習指導要領を具体化した主な教科用図書として活用されることになるからである。
　そして以上は，いうなれば"計画されたカリキュラム"（planned curriculum）というレベルのものであろうが，この計画されたカリキュラムに沿って学習指導を展開し，その結果として子どもによって実際に学習されたものとしてのカリキュラム（attained or learned curriculum）が考えられる。
　なお，必ずしもこのように意図的，顕在的には計画されないが，しかし実際には子どもたちによって学習されているといった状況も考えられよう。この場合，潜在的カリキュラム（latent curriculum）とか隠れたカリキュラム（a hidden curriculum）という用語が使用される。実際に子どもたちが学習していることから類推して，このようなカリキュラムが無意図的に，あるいは潜在的なものとしてある－あったということになるのである。

第 5 章　教育課程の評価

　ところで，カリキュラム評価というとき，実際にはどのようになるのであろうか。筆者は，カリキュラム評価という言葉によって，学習されたカリキュラムの検討結果から計画されたカリキュラムの検討に進むことをイメージしている。そしてそのとき，まず，学校の指導計画が検討されることになると考えている。すなわち，この授業では子どもは指導案通りにうまく動いたか，もしそうでなければそれは何故か，一定の成果を期待したわけだが，もし指導案に問題なり改善すべき点があるとすればどこか等が検討されることになる。そして，この動きは，さらには教育課程の基準としての学習指導要領にのぼりつくことになる。すなわち，この学年でこの内容を指導するというのは適当であるとか，あるいは逆に，この学年にこの内容を指導するのは少し早いのではないかとか，この学年でこの内容を指導するとき，その前にこんな内容の指導をすませておくべきではないか等が議論になるのではないだろうか。さらには，カリキュラムを教科カリキュラムとして展開したが，むしろ経験カリキュラムで行くのがベターであろう等と進んでいく。このようになるのではないか，と筆者は考えている。

第 2 項　PDSA サイクル

　岩崎氏によれば，マネジメント・サイクルの定義として，PDS（Plan-Do-See）とか PDCA（Plan-Do-Check-Action），あるいは PDSI（Plan-Do-See-Improve）など，各都道府県によって多様であるという。そして，氏の問題意識はこれらを同じサイクルとしてとらえてよいか，より望ましいサイクルはどのように措定することができるか，である（岩崎保之『目標準拠評価論の研究―学校教育における理論と実践―』ウエストン出版，2009，p. 118）。

　そして，まず品質管理の基礎理論たるデミング（Deming, W. E., 1900-1933）の PDSA サイクル（Plan-Do-Study-Act）：（計画−実行−検討−行為）を検討し（Deming, W. E., 1950, Elementary Principles of the Statistical Content of Quality: A Series of Lectures, Nippon Kagaku Gijutsu Renmei, 1952.：W. E. デミング著，小柳賢一訳『デミング博士講義録

―統計的品質管理の基礎理論と応用―』, 1952, 日本科学技術連盟), このサイクルが日本の学校評価において広く用いられているPDS, そして最近のPDCAの両サイクルよりも優れているのではないかという。その理由として, 「学校改善に資する学校評価の在り方としては, もっぱら質問紙によるCheck（点検）によるのではなく, 日常的な教職員のミーティングによるStudy（検討）を重視することがより望ましいこと, また, もし調査を行うのであれば, 検討によって吟味した改善計画のみに限定した調査を行うことがより適切である」（同上書, pp.136-137）ことをあげるのである。なお, 同氏によれば, このデミングの品質管理論は1960年代頃から日本の製造業を中心に広く導入されたという。

　筆者は, 学校評価というよりむしろカリキュラム評価において, このPDSAサイクルに注目したいのであるが, それはデミング自身の考え方からも許容されることと思う。というのも, デミングは「四つの段階」を次のように定義していると, 岩崎氏はいうからである。すなわち, 「1. 製品の設計, 2. 製造, 製造工程や研究所におけるテスト, 3. 製品が使われている間のテスト, 使用者がその製品についてどのように考えているか, また, なぜ非使用者がその製品を買わないのかを明らかにする市場調査, 4. 消費者が反応する品質や価格と照らし合わせた設計の再設計」（同上書, p.124）であると。

　もしこれをカリキュラム評価に当てはめて考えれば「1. ＝Plan：一定のカリキュラムを計画し, 作成する, 2. ＝Do：実際にそのカリキュラムに沿って指導する, 3. ＝Study：そのカリキュラムはうまく機能しているか否か, その結果を検討する（検証する）, 4. ＝Act：その結果, うまく機能していればカリキュラムに沿って指導するし, そうでないことが明らかになれば必要な改善を加える」。そして, 氏のいうところによれば, デミングはこの「四つの段階を一つのサイクル（cycle）にして回していく」と構想する。すなわち, Plan-Do-Study-Actというのは一つの段階であり, この段階を何回となく繰り返すのが品質管理の考え方だというのであるが, この点もカリキュラム評価においても同様であると思うのである。

第5章　教育課程の評価

　今少し，違う点から敷衍すれば，カリキュラム評価においては，まず，ある計画に基づいて実際に授業しなければならない。すると，よく言われるように，実際は必ずしも計画したようにはいかない。両者の間にはズレが生じるものである。そこで，そのズレを検討し，その結果，実際と計画との間にズレがあったから，計画の方を変える必要があるとか，あるいはズレがなくうまくいったとか，あるいはズレは認められなかったが，しかしどうも物足りない，深まりがみられない─だから計画をこのように変えてみてはどうか等々の分析がなされることになるのである。そうすると，このような作業の連続の中から，やがて学校の教育課程が，さらには学習指導要領そのものが，さらには教育課程の一般編成原理が問われることになるといえよう。

　あるいは，教育課程の評価を国レベルで直接に行うことも考えられる。例えば平成19（2007）年4月から始まった全国的な学力調査などはこの類であるといえよう。すなわち，この全国的な学力調査の実施に関連して，その意義・目的が二つ示された。一つは「国の責務として果たすべき義務教育の機会均等や一定水準が確保されているかを把握し，教育の成果と課題などの結果を検証する」こと。今ひとつは「教育委員会及び学校等が広い視野で教育指導等の改善を図る機会を提供することなどにより，一定以上の教育水準を確保する」がうたわれている（全国的な学力調査の実施方法等に関する専門家検討会議「全国的な学力調査の具体的な実施方法等について（報告）」平成18年4月25日）。

　つまり，全国レベルにおける子どもの学習成果を明らかにすることによって，国の責務として果たすべき義務教育の機会均等や一定以上の教育水準が各地域等で確保されているかを把握し，その結果により，これまで実施してきた施策を見直したり，あるいは新たな教育施策の策定につなげるなど，国が実施している施策の改善などに結びつけていこうとしている。また，他面において，子どもの学習成果を各教育委員会や学校等に知らせ，このことにより，「すべての教育委員会，学校等が全国的な状況との関係における学力に関する状況，教育条件の整備状況，児童生徒の学習環境や家庭における生活状況等を知り，その特徴や課題などを把握し，主体的に指導や学習の改善

等につなげる機会」とし,「義務教育の機会均等や一定以上の教育水準を確保する」ことが期待されている。国としての学校教育目標の設定や学習指導要領の改訂の是非,学校としての教育課程や各教科の指導等の是非はもちろん,ここにいう"教育施策の見直しや新たな教育施策の策定"の中に含められていると考えられよう。そして,これらの検討は,やがて教育課程編成の一般編成原理そのものの是非にもいきつくことはいうまでもない。

　なお,ここに例示した以外にも,例えば教育課程実施状況調査や,民間,研究者等がいろいろとテストを実施して子どもの学習成果を明らかにし,その結果をカリキュラムの改善につなげていこうとする試みも考えられる。あるいは,例えば IEA (International Association for Evaluation of Educational Achievement) や OECD の PISA (Programme for International Student Assessment) 調査等にみられるような国際的な視点からする教育課程評価の試みもみられる。さらには,大学等をはじめとする各種の入学試験も教育課程評価の試みといえよう。教育課程の評価はいろいろな側面,角度からそれこそ多様になされているし,今後も継続されるであろうことが考えられる。

第6章

これからの評価に向けて

第1節　評価の三つの機能

第1項　三つの機能

　教育課程審議会の答申『児童生徒の学習と教育課程の実施状況の評価の在り方について（答申）』（平成12年12月4日）によれば，今後の評価においては，従来の「知識の量の多少」を学力としてはならず，むしろ「自ら学び自ら考える力などの『生きる力』がはぐくまれているかどうかによってとらえる必要がある」とした。このためまた，「一斉，画一的に知識を教え込む」教育の基調を転換し，「基礎・基本を確実に身に付けさせ，自分で課題を見付け，自ら学び，主体的に判断し，行動し，よりよく問題を解決する資質や能力などを重視する」ことが大切であるとした。

　しかもこのように従来の学力や教育観を転換して「生きる力」の育成を重視し，そのための教育を展開するとなると，評価の機能・役割にしても次のような点が大切になるという。一つは「学習の評価は，教育がその目標に照らしてどのように行われ，児童生徒がその目標の実現に向けてどのように変容しているかを明らかにし，また，どのような点でつまずき，それを改善するためにどのように支援していけばよいかを明らかにしようとする，言わば教育改善の方法とも言うべきものであり，学習の評価を適切に行うことは公の教育機関である学校の基本的な責務である」といった機能である。端的には「各学年，各学校段階等の教育目標を実現するための教育の実践に役立つようにすること」という，指導の改善（＝指導と評価の一体化）に役立つ評価である。今ひとつは「児童生徒にとって評価は，自らの学習状況に気付

き，自分を見つめ直すきっかけとなり，その後の学習や発達を促すという意義がある」。すなわち「児童生徒一人一人のよさや可能性を積極的に評価し，豊かな自己実現に役立つようにする」という，いわゆる自己学習力の向上に結びつく評価という二つの機能である。

　今ひとつ，三つ目として同答申には大切な評価の機能が触れられている。すなわち，「今日，学校教育においては，保護者，地域の人々，国民全体に対し，学校ではどのような教育を進めているのか，児童生徒にどのような資質や能力が身に付いているのか，児童生徒の学習状況等にどのような問題があり今後どのような改善を図る必要があるのか，そのために家庭や地域の人々とどのような協力をしていく必要があるのかなどについて十分に説明していくことが重要である」と指摘している。いわゆる保護者等外部の人々への説明責任の履行という機能である。

　指導と評価の一体化（＝指導の改善），子どもの自己学習力の向上，保護者等外部の人々への説明責任という三つの評価の機能ないし役割である。

　今回，平成22年3月24日の中央教育審議会の『報告』においても，同様な指摘をみることができる。すなわち，「今後，各学校における学習評価は，学習指導の改善や学校における教育課程全体の改善に向けた取組と効果的に結び付け，学習指導に係るPDCAサイクルの中で適切に実施されることが重要である」と述べている。そして，「このようなPDCAサイクルは，日常の授業，単元等の指導，学校における教育活動全体等の様々な段階で繰り返されながら展開されるものである。学校評価を通じて，教師が授業の中で児童生徒の反応を見ながら学習指導の在り方を見直したり，一連の授業の中で個に応じた指導を図る時間を設けたりすることや，学校における教育活動を組織として改善したりしていくこと等が求められる」というのである。つまりは，「指導と評価の一体化」の推進である。また，「児童生徒にとっては，学習評価は，自らの学習状況に気付き，その後の学習や発達・成長が促される契機となるべきものである」し，さらに「学習評価の結果を保護者に適切に伝えることは，学習評価に関する信頼性等を高めるものであるとともに，家庭における学習を児童生徒に促す契機ともなるものである」という。端的

に，三つの機能，すなわち学習評価は指導と評価の一体化に役立つこと，学習者が自らの成長・発達に役立てること，そして保護者をはじめ学習評価に関する信頼性等を高めたり児童生徒の家庭学習を促す契機となることが期待されているといえよう。

ところで，このような評価の機能は，従来の知識の量の多少をテストで測ることが評価であるとする測定評価観からは期待できない。これまではどちらかといえば結果重視の評価であったが，今後は単に結果のみならず，むしろプロセス重視の評価をする必要があるといえよう。プロセス評価を取り入れなければ，どうしても新たな評価の機能を果たすことは困難となろう。また，第三とでもいうべき評価の機能，すなわち保護者，国民等への説明責任にしても，その内容や在り方は従来とは大きく変化することが考えられるのである。

第2項　指導と評価の一体化に向けた評価

ところで，このような評価の機能のうち「指導と評価の一体化」，ないし「指導に役立つ評価」ということは，指導要録を採用するようになった第二次世界大戦後以来今日まで一貫して叫ばれてきた評価の機能であるといえよう。

例えば，昭和22年の学習指導要領一般編（試案）では，「学習結果の考査」と銘打たれていたが，なぜ学習結果の考査が必要かという部分において，これを教師の側からと児童・青年の側から述べていた。このうち，教師の側からについては，「……児童や青年が，一つ一つの学習に，どれだけの効果をおさめることができたか……これによって，教材が果たして適当であったかどうか，また，教師の環境のとゝのえ方や，活動の呼び起こし方，すなわち，指導法が適切であったかどうかを反省することができるし，また，一人一人の児童や青年の学習結果を知って，これからの指導の出発点をはっきりさせたり，その指導計画を考えたりするいとぐちを見つけ出すこともでき，これあって，はじめて指導の効果を，よりいっそう，あげることができるのである。こゝに，学習の結果を考査する一つの大きないみがあるのである」

（文部省『学習指導要領一般編（試案）』明和印刷，昭和22年3月，p.35）と述べていたのである。

　昭和26年には「ｖ　学習指導法と学習成果の評価」の「3．学習成果の評価」において，「評価を絶えず行うことによって，児童・生徒の進歩の程度を知りうるとともに，指導法や教育課程が適切であったかどうかも反省することができる。したがって，評価を行うことによって，個々の児童・生徒の学習成果を知って，これからの指導の出発点をはっきりさせたり，その指導計画に改善を加えたりする手がかりを見つけだすことができる。こうしたことによって学習指導の効果をいっそう高めることができるのである」（文部省『学習指導要領一般編（試案）』明治図書，昭和26年7月，p.106）と述べていた。

　昭和33年，昭和43年，昭和52年の学習指導要領の改訂においても，この指導と評価の一体化機能は受けつがれ，短い文章であるが，ともに「指導の成果を絶えず評価し，指導の改善に努めること」とされた。

　平成元年の学習指導要領においては，小・中・高校ともに「指導の過程や成果を評価し，指導の改善を行うとともに，学習意欲の向上に生かすよう努めること」となった。つまり，指導と評価の一体化という機能に加え，さらに"学習意欲の向上"という，いわば児童生徒の自己学習力の向上に資するような評価の機能が着目されるようになっている。というのも，元来，学習意欲の向上は学習の過程や成果をうちから支える情意的側面の発達傾向を指示し，いわゆる興味・関心や態度などとともに重視されるものだからである。平成元年といえば生活科ができた年だし，また，平成3年の指導要録でいえば「観点別学習状況」でいう各教科の観点が「生きる力」を基に四つに設定され，すべての教科は，自らの目標・内容を通してこの「生きる力」の育成へ通じるように努めなければならないとされた時代である。教師の指導の評価のみならず，それも含め，要するにすべての教育的営為が子どもの自己学習力の向上に結びついているかが評価の課題とされるようになったといえよう。

　この路線は平成10年の小・中学校の学習指導要領（高等学校は平成11年）

にも受けつがれ,「児童(生徒)のよい点や進歩の状況などを積極的に評価するとともに,指導の過程や成果を評価し,指導の改善を行い学習意欲の向上に生かすようにすること」と規定されている。ここでは,学習意欲の向上とともに,"児童・生徒のよい点や進歩の状況など"も積極的に評価せよという新たな課題も指摘されている。つまり,児童生徒のよい点や進歩にせよ,要は学習の過程や成果にみられるよい点や進歩であろうが,それを実現するためには指導と評価の一体化のみならず,そのような指導を通して,子どもが"意欲的に"学習活動に取り組むようにしなければならないというわけである。

そして,今回平成22年の3月の『報告』で「各学校における学習評価は,学習指導の改善や学校における教育課程全体の改善に向けた取組と効果的に結び付け」ることが重要であると報告されているのである。

第3項 自己評価力の向上に向けた評価

指導と評価の一体化という評価の機能に,さらに子どもの自己学習力の向上という新たな機能を加えたことは平成12年の教課審答申であったが,この要請は,この平成12年の答申,あるいは前項にみたように平成10年の学習指導要領(平成13年の指導要録)から"急に"いわれだしたことだろうか。

この面の歴史をみると,やはり第二次世界大戦直後には着目されていたことが分かる。すなわち,昭和22年の学習指導要領一般編(試案)には,「第五章 学習結果の考査」を設け,その「一,なぜ学習結果の考査が必要か」の中で,先の引用につづき,「これを学習する児童や青年の側にたってみると,そのような学習の進行の現状を知ることは,自分の学習が,その目指すところにどれだけ近づいているかを,はっきり,とり出してみる機会となり,これによって,かれらもまた,これからの学習を如何にすべきかを考えるいとぐちをつかむことができ,学習の効果をあげて行く上に,たいせつなものを得ることができるのである」(文部省『学習指導要領一般編(試案)』明和印刷,昭和22,p.35)と述べているのである。つまり,教師が自らの指導を改善するために学習の進行の現状を知るわけであるが,その時は,実

はその教師の下で学習している児童生徒にとっても自分の学習の進行を知り，事後に備えるよい機会になるのだということが述べられている。つまりは，自己学習力の向上に向けた評価である。

　同様なことは，昭和26年の学習指導要領一般編（試案）にもみられる。すなわち，「これを学習する児童や生徒の側に立って考えてみると，このような評価をするということは，自分の学習がその目ざすところにどれだけ近づいているかを，はっきり知る機会となり，これによってかれらもまた，これからの学習をいかにすべきかを考える材料を得ることができ，学習の効果をあげていくくふうをすることができる。さらにたいせつなことは，児童や生徒は，かれら自身のうちに評価の眼を養うことができ，民主的な成員としてのよい資質を得ることができるのである」（文部省『学習指導要領一般編（試案）』明治図書，昭和26年7月，p.106）とある。

　ところがその後となると，前項で検討したように，この面への言及は"学習意欲の向上"をうたった平成元年の学習指導要領の改訂まではなされなかった。実際，平成3年の指導要録の改訂では「改訂の趣旨」で「(2) 児童生徒一人一人の可能性を積極的に評価し，豊かな自己実現に役立つようにすること」とされている。つまり絶対評価や個人内評価等いろいろな形態が使用され，指導要録が作成されるわけであるが，その役割や機能の一つは"子どもの豊かな自己実現"に役立てるという指導要録本来の性格によるのだというわけである。

　そしてこの面は，平成12年の教課審答申→それによる平成13年の指導要録の改訂に受けつがれるわけである。すなわち，平成13年の指導要録の前文に相当する部分において「『答申』にもあるように，学力については，知識の量のみでとらえるのではなく，学習指導要領に示す基礎的・基本的な内容を確実に身に付けることはもとより，それにとどまることなく，自ら学び自ら考える力などの『生きる力』が育まれているかどうかによってとらえる必要があります。これからの児童生徒の学習状況の評価に当たっては，このことを適切に評価できるよう，工夫することが必要となります。……これからの評価においては，各学校において，観点別学習状況の評価を基本とした現行

の評価方法を発展させ，学習指導要領に示す目標に照らしてその実現状況を見る評価が一層重視されるとともに，児童生徒一人一人のよい点や可能性，進歩の状況などを評価するため，個人内評価が工夫されるようお願いします。それとともに，各学校において，指導と評価の一体化，評価方法の工夫改善，学校全体としての評価の取組が進められる」ようお願いします，といわれている。

平成22年の『報告』でも「児童生徒にとって，学習評価は，自らの学習状況に気付き，その後の学習や発達・成長が促される契機となるべきものである」と述べているのである。

第4項　保護者等外部の人々への説明責任に向けた評価

この面への評価の工夫は指導要録の作成や教師の任務として直接に要請されていることではないが，第二次世界大戦後においても，各学校では評価の大きな役割として受けとめ，またその機能を果たしてきたといえよう。例えば，学校便り，学級通信といった広報的な手段，学校からのボランティアとしての出席や参加，あるいは学校の授業参観，PTA，進路説明会への出席等いろいろな機会や場面を挙げることができよう。しかし，中でも大きな役割を果たしてきたのは"通知表"（通信簿，あゆみとかいろいろと呼称）であったといえよう。

その通知表に関していえば，その作成に当たっては，指導要録の記載事項（様式や記載内容や方法等）をそのまま転用しないようにと，昭和30年の指導要録以来いわれてきた。このように，通知表は指導要録とは別に考える必要があるが，しかし現実は必ずしもそうではなかったのであろう。このため，平成13年の指導要録の前文で，前項の指摘に続けて，「学習の評価について，日常的に児童生徒や保護者に十分説明し，共通理解が図られるようお願いします」といった程である。今回平成22年の『報告』では，もっと積極的に「学習評価の結果を保護者に伝えることは，学習評価に関する信頼性を高めるものであるとともに，家庭における学習を児童生徒に促す契機ともなる」とされている。

ということは，通知表に限っていえば，今後は保護者をはじめ外部の人々へは単にテスト結果，あるいは指導要録を単に写したにすぎないような通知表ではなく，それこそ新たな手段・方法を考える必要に迫られているといってよいであろう。評価結果から，何らかの行動をとる必要も提議されているのである。もちろん通知表以外にいろいろと駆使されてきた方法，例えば広報やボランティア，あるいは授業参観やPTAの機会等は従来通り活用されてよいであろう。ただその内容はというと，時代や社会の変化による学校の変化により多様になることは事実であろう。既に学校における知識の量の多少のみでなく，まさに「生きる力」を子どもが身に付けるような働きが重視されようとしているからである。

第2節　問題解決評価観の提唱

第1項　問題解決評価とは

　では，指導と評価の一体化，子どもの自己学習力の向上，そして保護者等外部の人々への説明責任の履行を統一的に，同時的に果たす評価観があるのであろうか。これまでのテスト中心の測定評価観では最早対応できないであろう。平成12年の教課審答申でもあるような，まさに「生きる力」の育成に求める以外，道はないように思われる。

学習評価の目的

　一体，何のために学習評価を行うかといえば，「学習評価は，児童生徒が学習指導要領の目標に沿ってその内容をどの程度身に付けているかという実現状況を見ることが求められるものである。……結果の面から教育水準の維持向上を保証する機能を有するもの」という。すなわち，学習評価は，学習指導に係るPDCAサイクル（Plan-Do-Check-Action）の，いわばC（Check）に相当するが，それにより「学習指導を見直したり，一連の授業の中で個に応じた指導を図る時間を設けたりすることや，学校における教育活動を組織として改善したりしていく等」，いわゆる「指導と評価の一体化」

第6章 これからの評価に向けて

を推進することが考えられる。また,「児童生徒にとっては,学習評価は,自らの学習状況に気付き,その後の学習や発達・成長が促される契機となるべきものである」し,「また,学習評価の結果を保護者に適切に伝えることは,学習評価に関する信頼性等を高めるものであるとともに,家庭における学習を児童生徒に促す契機ともなるものである」。

端的に,三つの機能,すなわち学習評価は指導と評価の一体化に役立つこと,学習者が自らの成長・発達に役立てること,そして保護者をはじめ学習評価に関する信頼性等を高めたり児童生徒の家庭学習を促す契機となることが期待されているといえよう。

それでは従来のテスト中心－結果中心の測定評価観ではない評価観としてどのような評価観を描くことができるであろうか。筆者は,そのような評価観を,デューイ（John Dewey, 1859-1952）の『価値づけの理論』（Theory of Valuation, Vol. I and II: Foundations of the Unity of Science, The University of Chicago Press, 1933）にみられるような評価観に学んで,「問題解決評価観」と名づけているのであるが,その特質は次のようである。

すなわち,彼によれば,価値づけ（valuation）,ないし評価という行為は,私たちがいろいろな問題的場面に出会い,その場面を解決しようとしてその追究過程において役に立つ有益な情報を得ようとしていろいろな事物・事象の価値（値打ち）を比較する,その行為であるという。つまり価値づけないし評価は問題解決の活動と切り離しては考えられない。むしろ問題解決の過程そのものが評価の連続的な過程だということになる。逆にいえば,もし何事もなく事がスムーズに運んでいるなら,問題は生じないからその解決のために事物・事象を比較判断する必要はなく,したがってまた価値づけ,ないし評価は生じないということになろう。

前節では指導と評価の一体化,子どもの自己学習力の向上,保護者等外部の人々への説明責任という評価の機能を検討したわけであるが,これらとの関連をいえば,要は誰が問題解決者であるかによって評価の機能が決まってくるといえよう。

もし指導と評価の一体化という点を考えてみれば,教師はある一定の子ど

もたちを相手に，ある望ましい発達を遂げて欲しいと考え，そのために必要な指導計画（指導案）を立てる。問題解決のプランである。そして実際の指導に臨むのであるが，予定通り進めば問題はないわけだが，もし途中で予期せぬ出来事あるいはプラン通りにことが運ばなくなると，そこで指導を中断せざるを得ない。つまりは，問題的場面の発生である。そして，この問題的場面を解決しようとして，あれこれと解決策になりそうなこと，すなわち事物・事象の価値を値踏みする必要が生じる。うまくいけばそれでよし，というわけで，再びもとの指導計画に戻り，授業に臨む。しかし，そうでない場合は，新たな問題の解決に取り組まなければならない。このような問題解決の過程の連続が指導，すなわち授業の過程であると考えることができるのである。

そして，教師のこのような問題解決の下で，実は子どもも問題解決に臨んでいるといえよう。ああ，先生はこんな問題を解決しようとしていたのかとか，なるほど，うまい問題解決の手だ等々と。あるいは，自分はこんな問題解決を行いたいと考えていたが，先生はまさにそのような問題解決の指導をしてくれる。うまいものだ等。子どもの自己学習力（ないし自己評価力）の向上とは，教師の介在の中で，子どもが問題解決の主体であるような授業を展開することによって次第に可能になることであるといえよう。

そしてこのような教師の問題解決のあとを，あるいはそのような教師の指導の下での子どもの問題解決のあとを，例えば通知表とかに残し，あるいは授業参観等でみてもらうなどすれば，それが保護者等外部の人々への説明責任を果たすことに通じるのではないだろうか。学校ではどんな問題解決に取り組んでいるか，児童生徒にはどんな問題解決の能力が身に付いているか，さらには今後どんな問題解決をするか，そして家庭や地域の人々にはどんな協力を求めているか等を十分に説明し，あるいは子どもに家庭に持ち帰らせ，そして保護者の協力を得ていくことが可能になるといえよう。

第2項　テスト批判

このような問題解決評価は従来のテスト中心の評価とは相容れない。そこ

第6章 これからの評価に向けて

で，以下では，従来のテスト法はいかなる点で閉め出されるかを考えてみよう。

テスト法といえばアメリカであるが，この米国では1970年代以降から，学校の説明責任（accountability）を求める社会的要求が高まり，それを背景に諸種の標準化されたテスト（standardized test）が開発され，児童生徒の学習結果の測定に生かすという動きが顕著になったが，他の評価法の出現等もあり，やがていろいろな弊害が指摘されるようになった。1980年代末頃からのことである。

テスト批判としては，例えば次のような点が指摘されている。①標準化されたテストは，得てして多肢選択により一つの正しい答えを再認させるものであり，極めて限定的な測定手段である。深く考えたり，創造性を発揮したり，既知のことがらと新たに学ぶこととを結合させるといった能力を測定するのには困難であること，②教師はテストで高い点を得させようとして，ついついテストによく出題される内容を網羅的に，かつ機械的に暗記させようとし，逆に，より多くの時間を要するプロジェクトや思考誘発課題の学習などを避けがちになること，③数値による最終的な得点結果のみが大切にされることになり，ひいては少しでもよい点を取らせよう－取ろうとする点数至上主義，点数さえよければ全て良いといった結果主義が醸成され，その反面では，子どもが課題にどのように取り組み，いかに解決したか，そこではどのような能力が発揮され，育ったか等を総合的にとらえようとする情報を得ることが困難になること，④基礎技能（basic skill）面での向上の反面，より高次の思考技能（higher-order thinking skill）の低下をきたし，また，そのような結果として暗記中心の学習指導やカリキュラムにおける瑣末主義や狭隘さを招くようになったこと等である（高浦勝義『ポートフォリオ評価法入門』明治図書，2000, pp.29-35, L. Darling-Hammond, J. Ancess, B. Falk, Authentic Assessment in Acton, Teachers College, 1995, pp.6-10.）。

また最近では，このような標準化されたテストとは別に，各州内で統一的なカリキュラムの基準（standard）を作り，その基準の達成度を評価するこ

153

とによって学校の説明責任を果たそうとする目標達成テスト（standard-based test）の動きが盛んである。

しかし，このようなテストに関しても，例えば①基準の達成状況を測るテストといいながら，各州間では同種異形のテストが開発され（MCAS: Massachusetts Comprehensive Assessment System, ニューヨーク州の the Regents Examinations, テキサスの TAAS: the Texas Academic Assessment System, ヴァージニア州の SOL: the Standard of Learning 等），しかもそれぞれの難易度が各州間において異なるため，結局はテストで測る内容が基準と考えられるような事態がみられること，②また，開発されるテストには政策的判断（political judgement）以外の基準点がないので，テストの等化（equating tests）が困難となり，このため，各州で年ごとに実施されるテストの得点の高い－低いの比較判断ができなくなるといった深刻な問題点が指摘されている（Deborah Meier, Standardization Versus Standards, in PHI DELTA KAPPAN, November 2002, p. 194)。

あるいは，これらのテストの活用の側面からも，例えば「基準や基準達成評価（standards and standards-based assessment）は，もしその成功が単一のテストによってのみ測定されたり，あるいはそれらが単に報酬や承認を割り当てたり，自動的に留年を決めたり，卒業を指し止めたりすることに用いられたりするのであれば，よりよい学習（better learning）を支えることにはならない」といった批判がされたりもしている（Beverly Falk, Standards-Based Reforms: Problems and Possibilities, in PHI DELTA KAPPAN, April 2002, p. 620)。

最近のわが国の全国一斉学力調査においても，テスト結果の処理をめぐっていろいろと物議をかもしたり，あるいは悉皆調査から抽出率調査へと方針転換を余儀なくされたりしているのも，ある意味ではこのようなテスト批判の故であると考えることができよう。わが国の到達度テストやその他のテストに関連してさらにいえば，ここまで点数をとればよいといったこと（基準点）がどのテストにおいてもないものだから，いたずらに100点をとる競争となり，その結果テストで高い点数をとる子どもも，そうではない子どもも

第6章 これからの評価に向けて

すべてにテスト恐怖を植え付けたり，あるいはテスト不安の子どもが産み出されるといった点も批判されてよいと思う。

第3項 「真正の」評価の登場

真正の評価とは

このような標準化されたテストの問題点を解決しようとしてポートフォリオ評価法は誕生した。その定義や，評価資料・情報の多義性，ルーブリックの不可避性等については既述の通りである。強いていえば，これらはすべてテスト法への批判から生じ，それを乗り越えようとするものであるといえよう。

ところで，このようなポートフォリオ評価はなぜ誕生したのであろうか。そのよって立つ評価観としてどんな評価観が提案されているのであろうか。

その望ましい評価観は「真正の評価」（authentic assessment），あるいは子ども中心の評価観（child-centered view of assessment）などと呼ばれている。

たとえば，「真正の」理解という意味は"本当の"理解とか"真に"理解したという日本語で言い換えが可能であろう。本当に理解したのか，真に理解したのか。これらが"真正の（な）"という言葉で語られようとしているわけである。しかも，真に，本当に理解したというときには，単に"オウム返し"ではなく，自分自身の言葉でそのことを表現することができる。いつでも，どこでも，である。アメリカでは，このような"オウム返し"ではなく，自分自身の言葉で，あるいは自分なりの表現ができることを「現実的な世界（real world）で……（できる）」という表現をしている。だから「サッカーの技術の練習をいくら繰り返しても，それを実際のゲームで使えなければ，ゲームに生かせなければ無駄である」と比喩されることになるのである（G. P. Wiggins, Assessing Student Performance, Jossey-Bass Publishers, 1993, p.233）。

つまり，"真正の世界"，あるいは"現実的な世界"とは，子どもが日常生活で何かを"遂行する（perform）"，あるいは何かを"する"（do）といっ

た極めて実践的な場面なり文脈（context）を指し，この実践的な場面で何かを遂行する，あるいは遂行することができるか否かを問おうとしているわけである。だから，学んでオウム返しにできることが目指されているのではなく，そのことを自分の言葉でいえること，現実に使えることが目指されているということになる。学んだ知識は現実的場面で何かを遂行するために使えること，学んだ知識を自分の世界で翻訳し直し，現実的な場面で使えるようになっていることが大事である（Ibid., pp.206-210）。そして彼は，このような評価の在り方を"子ども中心の評価"（Ibid., p.206）と呼んでいるわけであるが，その表現法もうなずけよう。従来のテスト中心の評価が真正の評価を求めていたのか，したがってまた子ども中心の評価であったかといえば，はなはだ疑問の残るところであろう。

　ところで，パケット女史らによれば，このような「真正の評価という考えは比較的に新しいものである。それは，子どもに影響を及ぼす教育的諸決定のための根拠として，子どもが取り組んでいる学習及びその取り組み方を観察し，書き留め，そして文書に記録していく過程として定義される」という（M. B. Puckett and J. K. Black., Authentic Assessment of the Young Child, Macmillan College Company, 1994, p.22）。ここにパケット女史らがいう"子どもが取り組んでいる学習及びその取り組み方を観察し，書き留め，そして文書に記録していく過程"が実は"真正の評価"であり，それらを観察し，書き留め，文書に記録したものが"ポートフォリオ評価"であるといえよう。"真正の評価"と"ポートフォリオ評価"とは極めて近い関係にあり，むしろ同義であるとさえいえるくらいである。ポートフォリオ評価は何のためかといえば，それは真正の評価のためである。そしてまた，真正な評価のためには，ポートフォリオ評価のように，子どもの学習の過程やその結果をありのまま"丸ごと"おさめ，子どもの理解の状況により近づくことが不可欠であるといえよう。

第3節　ルーブリックの必要

第1項　三つのレベルにおけるルーブリック

　ルーブリックとは，英語の rubric の訳語であり，教育の世界でそれが使われるときには1セットの得点化指針（a set of scoring guideline）のことを指している。ここで，何を1セットとするか，どのようなフォームを使うか，何段階の得点化の指針とするか等をめぐっては定説はないようである。ルーブリック（＝得点化の指標）としては5段階もあれば，3段階，4段階等いろいろとある。最も単純には，その規準に達したか－否かの2段階であろう。しかし，何についてのルーブリックかというタイトル（題材），及び達成目標としての評価規準（criterion）と，その実現状況を判断するための評価基準（standard）は不可欠のようである（K. Burke, How To Assess Authentic Learning, IRI/Skylight Training and Publishing Inc., 1994, pp. 63–67）。

　わが国の評価研究においても，このルーブリックは着目されてきた。すなわち，絶対評価の導入とともに（平成元年の「観点別学習状況評価」の実施と合わせて），"評価規準"と"評価基準"の作成は着目され，しかも次のように三つのレベルで作成すべきだといわれた。すなわち，「この評価（絶対評価—筆者注）には，①教育目標を分析して，具体的に細目化した目標を導いてくること，②分析した下位目標に達成基準すなわち評価の量的な判定基準（スタンダード）を設定すること，の二つの手続きを経なければ達成度評価は成り立たない。

　①の目標の具体化・細目化には，通常，次の三つの段階がある。

　ア　教科・学習の段階
　イ　単元学習の段階
　ウ　授業過程の段階

　アの段階は学年末における長期総括的評価における達成目標であり，イの

段階は単元学習終了時点における短期総括的評価の達成目標である，ウの段階は日常の指導過程の形成的評価における達成目標である。

　上位の段階の目標は，漸次その系統性，展開性を追って，下位の段階の目標におろされる。

　②の手続きは，各段階の達成目標が設定されても，児童の学習状況がどのようになったらその目標が達成されたと判断されるのか，それぞれの段階の目標ごとに達成の基準すなわち判定基準（スタンダード）が，指導に先立って設定されていなければならない」とされている（文部省内指導要録研究会監修『平成3年改訂　小学校児童　新指導要録の解説と実務』図書文化, 1991, p.99）。

　しかし，平成22年に通知された指導要録における別紙5の「各教科等・各学年等の評価の観点及びその趣旨」は〈①－ア〉レベル，あるいは国立教育政策研究所教育課程研究センター開発の小・中学校の評価規準（平成14年2月28日）は〈①－ア〉ないし〈①－イ，ウ〉レベルであり，②の評価の量的な判定基準を設定することへの言及は両者とも全くないのである。だから，同研究会のいうように，「ただちに望ましい達成度評価が行えるわけではない」といえよう。

　今回の「通知」や「報告」においても，子どもがどうあれば，どんな成績を示せばAかBかCかという3段階絶対評価の説明は全くない。あるいは平成12年の教課審の答申では「評価事例集」（あるいは「学習評価への手引き」）の作成が謳われているが，どんな事例がAかBかCかの評価基準は示されていないのである。これでは絶対評価はできない，絶対評価は進まないというほかない。

第2項　形成的評価に向けて

　ルーブリックの作成は，形成的評価を進める上で不可欠のようである。

　例えば，教師の指導の改善（＝指導と評価の一体化）という点を考えてみると，総括的評価では，要するにできたか－否かが問われるのみで，何故そうなったか，いつからそうなったか等は分からない。ところが，私たちの開

発したルーブリックを用いれば、いつ頃からそうなったか、しかも誰かが特定できるので、この評価結果を次の指導に役立てることができる。しかも、「次の」といっても、それは評価の四つの観点に基づいて行うので、その評価のたびに問われ、結局のところ1時間内に数回問われることにもなるのである。また、何故そうなったかも、担任教師が評価しているので、大体想像がつけられることになる。単元終了時に1回、あるいは学期に1回とかいうようなテスト中心の評価にはとても期待できないことである。

以上は「教師の指導の改善」という点についてのことであったが、同様なことは児童・生徒の「自己学習力の向上」という要請にとってもいえるであろう。すなわち、子どもも評価しながら授業に参加していると考えられるので、評価の観点さえ教師と話しておけば、教師と同様、自分はどこで、どのように振る舞ったか、どこをどのように改善すればよいか等が分かるのである。

テスト中心の評価では、自分は何故こんな点数を取ったか（良いにせよ、悪いにせよ）は分からなくとも、このルーブリックを用いれば、自分のあゆみが即座に判断でき、次にどうすればよいか、何をすべきかが分かっていることになるといえるのである。

そして、これら教師の記録、あるいは子どもの記録を保護者等外部の人々へ報告するとなれば、彼ら（彼女ら）はこれまでにない評価に接するわけで、教師、子どもの記録にきっと満足することであろう。

第3項 ルーブリック作成のフォーマット

筆者らは、ルーブリック（＝得点化の指標）としては何段階にするかの定説はないところより、実際の研究開発においてはA、B、Cの3段階にすることにした。それは、現行の指導要録が3段階による絶対評価を求めており、学校のことを考えると3段階絶対評価にするのが何かと便利であると考えたからである。

そして、このために、具体的に次のようなフォーマットを開発した。

ルーブリックのフォーマット

学習活動	評価規準	学習活動における具体的な評価規準	評価資料	評価基準		
				A（3）	B（2）	C（1）

　図を説明しながら，このフォーマットの特質を解説したい。まず，「学習活動」にはその単元で計画している子どもの問題解決の活動の特質を書く。そして，「評価規準」には，それぞれの学習活動で評価しようとする達成目標を，学習活動の展開に合わせて書く。なお，この時の「評価規準」としては，単元設定の際に，"単元の評価規準"として設定する評価規準のうちのどれであるか（例えば「関心・意欲・態度」であるか，あるいは「知識・理解」かが分かるように）を書く。

　すると，同じ達成目標であろうと（例えば同じ「関心・意欲・態度」であっても），学習活動の最初と中頃，また終盤においてその評価規準は異なる。このように，同じ評価規準であっても，いつ評価するかによってその達成目標は異なってくるので，「学習活動における具体的な評価規準」の欄を設け，その学習活動場面にふさわしく評価規準を具体化する。なお，この欄を具体化して埋めるということは，その授業場面における教師のことばかけなり指示そのもの—児童生徒にとっては最も具体的な教師のねらいとなるものであるので，これができないと単元指導計画（＝指導案）は未完成ということになる。

　それから「評価資料」には，その時に，つまり「学習活動における具体的な評価規準」を評価する際の評価資料を記述する。「学習活動」－「評価規準」－「学習活動における具体的な評価規準」－「評価資料」の欄がそれぞれ一対一対応するようにして記述するとよい。

　さて，このようにした上で，児童生徒が事実としてどのような実現状況で

あれば，どのような行動をみせればA，B，Cと判断するか，その目安を「評価基準のA，B，C」の各欄に書く。このとき，"〜べきである"表現は避け，あくまでも子どもの事実として，行動に即して"〜である，〜している"とか"〜と書いている"というように記述する。この欄は達成目標ではなく，あくまでもその達成目標の実現状況を書く欄であるからである。

第4項　ルーブリックとしての3段階評価

ところでこの中のA，B，Cという判断基準について，このうちBとCの2段階でよいのではないかとか，あるいはBのみでよいのではないかという意見がある。しかし，もしそうであるとするなら，とんでもないことになると思う。もしこのように分類するとして，はたしてAとBとの違いをどうみるのであろうか。もしAとBをB以上ということで一括し，その違いを後で判断しようということにでもなれば，それこそAの評価基準は安定せず，時と場所等に応じ多様となる。そして，結局は絶対評価であるべき判断が相対評価になるという変な事態さえ生じることになるであろう。この点はAとBの間のみならず，BとCにおいても同様である。もしBを決め，それ以下をCとするとするなら，それこそCの中にはBに近いものから遠いものまで多様な在り方が存在することになり，集団の在り方に応じて"厳しすぎる"とか，逆に"甘い"といった声がで，相対評価となってしまうことであろう。こんなわけで，私どもはあくまでもA，B，Cの判断基準を，予め"絶対的なもの"として決め，評価の実際に臨むことにした。

第5項　評価の客観性と妥当性

教育測定運動においては，評価の"客観性"をいかに確保するかは終始問われた問題であった。この問題はルーブリックの作成においていかに通過したのであろうか。

私どもが行き着いた結論は「間主観」という見方・考え方である。すなわち，これが客観的なもの，あるいはこれが妥当なものだといって誰かがアプリオリに示してくれるものが客観的で妥当なものではない。学校でいえば，

指導主事なり校長がこれこそ客観的で，妥当なものだといって示してくれる——だから，教諭はそれを待てばよい，というわけにはいかない。そうではなくて，より多くの教師，より多くの人々の"間"で共有され，より多くの教師の"間"で使われるものこそより客観的であり，妥当なものであると考えたのである。

　前回と同様，今回の新たな答申においても，同様な考え方が採用されている。すなわち，評価の客観性，妥当性の問題に関していえば，例えば「このような組織的な取組（校長のリーダーシップの下で，学校として組織的・計画的な取組——筆者注）が定着していくことにより，学習評価の妥当性，信頼性等の向上や，教師の負担感の軽減につながるものと考えられる」という指摘，あるいはまた，「保護者に……評価規準などの評価に関する仕組みについて事前に説明したり，評価結果の説明を充実したりするなどして評価に関する情報を積極的に提供することが重要である」といわれている。つまり，組織的な取り組み，あるいは保護者への説明等を通して，評価の妥当性や信頼性等に応えていくということが大切であるとされている。これ以外に評価の妥当性，あるいは客観性の問題に応える道はない，というわけである。

　だから答申はいうのであろう。「市町村教育委員会等は，……都道府県等と連携しながら，教師の実践的な研修等を行っていくことも重要であり，例えば，一つの活動や児童生徒の作品等を複数の目で評価することによって評価規準や評価方法を見直す研修等も考えられる」と。

第4節　実践事例の紹介

第1項　指導計画のフォーマット

　指導と評価の一体化といい，あるいはカリキュラム評価などと銘打った研究・実践は少ないが，筆者らが平成15（2003）年〜平成17（2005）年にかけて行った授業と評価の研究を紹介することにしたい。それはルーブリック作成の有効さを求めて実際に小学校及び中学校の教員の協力を得，すべての教

科・領域，総合的な学習の時間を対象に行った評価研究である。もっとも，直接的には学校の指導計画ないし教育課程レベル，あるいは授業方法レベルの評価であって，学習指導要領の評価にまでは行き着かなかったが。

研究に際して，筆者らは次のような指導計画のフォーマットを開発し，これをすべての教科，領域の指導計画の作成に採用することにした。このフォーマットを通して，一般の指導計画とは異なる特質，とりわけ単元の目標，学習過程と評価計画，ルーブリックなどの項目は新しいものであることに気付かれることであろう。

指導計画のフォーマット

```
                              ○学年　○○○学習指導計画
担当者　○○　○○
 1．単元「○○○○」（全指導時数）
 2．単元設定の理由
    (1) 子どもの実態（地域や学校の実態も含め）
    (2) 教師の願い（指導の概略，指導内容，目指す生活像）
 3．単元の目標
 4．単元の評価規準
    ○関心・意欲・態度
    ○思考・判断
    ○技能・表現
    ○知識・理解
 5．学習過程と評価計画
```

時間	学習活動	支援 （方法・内容）	評価規準				評価資料
			関心 意欲 態度	思考 判断	技能 表現	知識 理解	

```
 6．評価資料
 7．ルーブリック
```

フォーマットについて，若干の説明を加えると，まず，「第〇学年　〇〇学習指導計画」とあるように，その単元指導計画がどの教科なり，総合的な学習の時間のものであるかを記述し，次に「担当者」名を記すことにする。次は，「1. 単元」名，及びその「全指導時数」を示す。次に，「2．単元設定の理由」を「(1)　子どもの実態」と「(2)　教師の願い」から記す。なお，「(1)　子どもの実態」には併せて地域や学校の実態も書くとよいが，あくまでもその単元からみた子どもの実態が浮き彫りになるよう配慮する事が望まれる。また「(2)　教師の願い」には，大きく指導の概略と指導内容（目指す生活像も含め）を書くとよい。なお，指導の概略と指導内容とは別々に書いてもよいし，あるいは両者を合わせて一体的に書くことも可能であろう。

　次は，「3. 単元の目標」である。かつてはここに単元で目指す目標や評価語を書いていたが，そのような目標なり評価語は「4. 単元の評価規準」に譲ることにし，ここにはむしろその単元の指導の全体が分かるように一文にて表現することにした。「〜〜を通して，〜〜が分かり，〜〜を考え，〜〜できるようにする」というように。

　なお，「4. 単元の評価規準」は，評価の4観点に沿って〇関心・意欲・態度，〇思考・判断，〇技能・表現，〇知識・理解の順で書くことにする。

　そしてこれが終了すると，次は「5. 学習過程と評価計画」である。ここは通常の案で示す学習活動や時間，支援（指導上の留意点）の他，どの評価規準の内容をどの学習活動場面で評価するか，またその時の評価資料として何を活用するか，などを書くことにする。次の「6. 評価資料」では，評価のために活用しようとする評価資料そのものを掲載し，最後に「7. ルーブリック」を作成する。

　以上が，筆者らが開発研究において各教科，総合的な学習の時間などにおいて共通に採用することにした単元指導計画である。

　そして，筆者らは，この単元指導計画の下で，実際に授業と評価を行ったわけであるが，その様子を「指導と評価の一体化に向けた評価の工夫」「子どもの自己学習力の向上に向けた評価の工夫」「保護者等外部の人々への説

第6章　これからの評価に向けて

明責任に向けた評価の工夫」の三つに分けて述べることにしたい。
　なお，単元指導計画として，第6学年単元「職場体験をしよう」（全31時数）を例にとることにする。この単元指導計画は以下のようであった。

○　単元「職場体験をしよう」（岡山県浅口郡寄島町立寄島小学校）
1　単元指導計画
　1－1　単元「職場体験をしよう」（全31時間）
　　　　　　　　　　　　　　　　担当者　石田満彦　平井　惇　佐藤敏子
　1－2　単元設定の理由
　　(1)　子どもの実態
　　総合学習については，「6年生になったら職場体験ができる。」という意識があり，どの子どもも職場体験に夢をふくらませている。しかし，昨年度まで職場体験を経験してきた先輩からの情報や興味・関心だけで職場を選ぼうと考えたり，電話一本ですぐに体験に行けると考えたりしている子どもがほとんどで，自分を見つめ，進路について深く考えたり，職場体験をするためには，様々な準備や解決すべき問題点があるということに気付いたりしている子どもは少ない。
　　(2)　教師の願い
　　本単元では，まず，各自で職業調べを行い，身の回りには多くの職業があることやそこで働く人は，いろいろな苦労や工夫をしていることに気付かせたい。そして，このために，2人の職業人を学校に招き，苦労や工夫，働くことのすばらしさや意義に触れた話をしていただくことによって，子ども一人一人が，目的意識をはっきりともって職場体験にのぞむことができるようにしたい。実際の職場体験では，与えられた仕事に取り組んだり，そこで働く人の仕事ぶりや生き方・価値観に触れたりする中で，その職場の苦労や工夫を知り，労働の厳しさやすばらしさを実感するとともに，働くことの意義について気付くようになって欲しい。（『内容系列表』自己・進路　5・6年ア・イ）。また，あいさつや返事，言葉遣いなどの礼儀・作法など，社会生活に必要な習慣，技能も身につけて欲しい。そして，これらのことを，体験後の振り返りや友達との情報・意見交換によって，より確かな理解や技能となるようにしていきたい。さらに，単元を通して，自分の長所や短所と進路とを結びつけて考えたり，今までの自分を見つめ直し，今後の生活に生かしたりすることができるようにしたい。そして，自分を支えてくれている人々との関わりについても再認識できるようにしていきたい。（『内容系列表』自己・進路　5・6年ウ）
　1－3　単元の目標
　　職業調べや職場体験を通して，働いている人の苦労や工夫，働くことのすばら

しさや意義を理解するとともに，自分の長所・短所や進路について考えて，今後の生活に生かすことができる。

1－4　単元の評価規準
　○関心・意欲・態度
　　①　いろいろな職業を調べ，自分に合った体験場所を見つけようとする。
　　②　目的意識をもって意欲的に職場体験に取り組み，深く自分を見つめ直そうとする。
　○思考・判断
　　①　自分の長所・短所と進路を結びつけて考えることができる。
　　②　職場体験を通して，自分を見つめ直し，今後の自分の生活について考えることができる。
　○技能・表現
　　①　目的に応じて様々な方法で情報を収集したり，相手意識や目的意識をもって発表したり聞いたりすることができる。
　　②　様々な人々と接する中で，社会生活に必要な習慣や技能を身につけることができる。
　○知識・理解
　　①　職業調べや職場体験を通して，働いている人の苦労や工夫，働くことのすばらしさ，働くことの意義を理解する。

1－5　学習過程と評価計画

| 学習活動 | 支援 | 評価規準 ||||評価資料 |
		関心意欲態度	思考判断	技能表現	知識理解	
1　自分の興味や関心のある職業について調べる。《6》 ①　自分の興味や関心のある職業について，資料を探して調べる。（3）	・「仕事の内容」「苦労」「工夫」については，必ず調べるように指示する。 ・図書館司書に連絡して，職業に関する図書をあらかじめ集めてもらっておく。	①				調べている場面の観察
②　調べた職業について発表	・インターネットの検索に手間取っている			①		調べたことを発表

第6章 これからの評価に向けて

する。（2）	児童がいれば，援助する。				している場面の観察
③ 友達の発表や自分の職業調べを通して，学んだことや考えたことをまとめる。（1）	・調べた職業の中で，特に興味や関心のあるものを1つだけ発表するようにする。 ・机間相談によって，身の回りには，様々な職業があることやその職業に携わる人々は，いろいろな苦労や工夫をしていることに気付くことができるようにする。			①	感想用紙
2 先輩の話を聞き，職場体験の意義について考える。《2》	・地元で活躍されている職業人2人の方に，苦労や工夫，働くことのすばらしさや意義に触れての話をしてもらうように依頼しておく。 ・話を聞いて，自分の長所・短所や進路について考えた後で，職場体験に対してはっきりとした目的をもっているか，1対1での対話をしながら適切な助言をする。	①	①		対話，わくわくノート
3 職場体験をする場所を決める。《8》					
① 体験場所を第3希望まで考える。（2）	・断られる場合を考えて，第3希望まで決めるよう指示する。 ・安易に決定しようとする児童や決定しにくい児童には，適切な支援をする。		①		職場体験をする場所を考えている場面での対話

167

② 交渉のために必要な事柄を考え，まとめる。（4）	・交渉の時に気を付けることや考えておかなければならないことなどをじっくりと考えることができるように，時間を十分に取り，助言コーナーも設ける。			①	わくわくノート
③ 友達同士で交渉の練習をする。（1）	・友達同士で交渉の練習をすることによって，話し方や話の内容について，友達のよいところや自分の悪いところに気付き修正することができるようにする。			②	練習をしている場面の観察
④ 電話で交渉し，必要なことを聞く。（1）	・職員室の電話を使って，各自で希望する職場に交渉する。その時，相手方の承諾を得て，電話をスピーカーに設定し，相手の声が聞こえるようにして，話の内容が把握できるようにする。			②	交渉をしている場面の観察
4 職場体験の実践をする。《6》					
【約20ヵ所の職場】	・体験の様子を把握するために3人の教師で分担して職場を訪ねて回る。 ・体験する職場の人に，自分の成績表を各自で渡し，仕事ぶりや態度などについて評価してもらうとともに，帰宅後，体験評定カードに記入しておくように指示しておく。	②	①	②	職場体験をしている場面の観察 仕事通知表体験評価カード

第6章　これからの評価に向けて

5　職場体験の実践を通して、学んだことを各自で振り返り、発表資料にまとめる。《6》						
①　職場体験の実践を通して、学んだことや考えたことを整理しながら、各自で振り返る。（4）	・体験を振り返る時間を十分に取り、相談・助言コーナーを設けたり、個別指導を行ったりして、体験を学んだことや考えたことを各自でまとめていくことができるようにする。 ・働いている人の苦労や工夫、働くことのすばらしさや意義、自分の長所・短所や進路については、特に深く見つめ直すことができるよう、個に応じた適切な支援を行う。		②	①	①	振り返りカード 発表資料
②　振り返ったことを発表するために資料にまとめる。（2）	・各自で振り返ったことを、相手に分かりやすく簡潔に伝える資料を工夫して作ることができるように、構成や内容について支援する。					
6　各自の職場体験を発表し、情報交換や意見交換を行う。《3》	・さらに学びを高めることができるようにするために、自分の体験と比較することを重点に友達の発表を聞くよう指示する。		②	①	①	発表している場面の観察 感想カード

1−6 評価資料（略）
1−7 ルーブリック

学習活動	評価規準	学習活動における具体的な評価規準	評価資料	評価基準 A (3)	評価基準 B (2)	評価基準 C (1)
1① 自分の興味や関心のある職業について、資料を探して調べる。	関心・意欲・態度①	自分の興味や関心のある職業を進んで調べようとする。	調べている場面の観察	自分の興味や関心のある職業を10種類以上調べている。	自分の興味や関心のある職業を5〜9種類調べている。	自分の興味や関心のある職業について、4種類以内調べている。
1② 調べた職業について発表する。	技能・表現①	調べた職業の「仕事内容」「苦労」「工夫」について発表することができる。	調べたことを発表している場面の観察	3つのポイントを漏れなく、発表している。	3つのポイントのうち、いずれか2つを発表している。	3つのポイントのうち、いずれか1つしか発表していない。
1③ 友達の発表を聞いて、感じたことをまとめる。	知識・理解①	身の回りには、様々な職業があることや、その職業に携わる人々がいろいろな苦労や工夫をしていることについて理解する。	感想用紙	両方のポイントについて、感想を書いている。	2つのポイントのうち、何か1つについて、感想を書いている。	ポイントに触れての感想を書いていない。
2 先輩の話を聞き、職場体験の意義について考える。	思考・判断①	自分の長所・短所と進路とを結びつけて書くことができる。	わくわくノート	自分の長所・短所と進路とを結びつけ、さらに今後のためも考えて書いている。	自分の長所・短所と進路とを結びつけて書いている。	自分の長所・短所と進路とを結びつけて書いていない。
3① 体験場所を第3希望まで考える。	関心・意欲・態度①	職場体験の目的をはっきりともとうとする。	対話	体験する具体的な目的を3つ以上話している。	体験する具体的な目的を2つ話している。	体験する具体的な目的を1つ以内話している。
3② 体験場所を第3希望まで考える。	思考・判断①	体験場所を理由づけて第3希望まで考えることができる。		体験場所のうち、選んだ理由を第3希望まで複数話している。	体験場所を選んだ理由を第3希望まで1つ話している。	体験場所のうち、第3希望を選んだ理由を話せない場所がある。
3② 交渉のために必要な事柄を考え、まとめる。	技能・表現①	交渉のために必要な事柄（目的、期日、時間、仕事内容）をノートに書くことができる。	わくわくノート	交渉のために必要な4つの事柄以外に、必要な言葉などい等を書いている。	交渉のために必要な4つの事柄を書いている。	交渉のために必要な事柄を1つ以内書いている。
3③ 友達同士で交渉の練習をし、修正する。	技能・表現②	友達同士の話し合い、内容や話し方を修正することができる。	練習をしている場面の観察	自分だけでなく、友達の内容面や話し方も指示しながら練習している。	自分の内容や話し方を修正しながら練習している。	修正するところを指示されなければ見つけられない。
3④ 電話で交渉をし、必要なことを聞く。	技能・表現③	交渉の中から（集合場所、集合時刻、服装、持参物）を聞くことができる。	交渉している場面の観察	交渉の中から、必要なこと以外に、友達の数等を聞いている。	交渉の中から、必要なことを聞いている。	交渉の中から、必要なことを聞いていないことがある。

第6章 これからの評価に向けて

学習活動	観点	ねらい	評価の場面・方法	十分満足できる（A）	おおむね満足できる（B）	努力を要する（C）
4 職場体験の実践をする。	関心・意欲・態度②	職場体験に意欲的に取り組もうとする。	職場体験をしている場面の観察	職場の人と関わり、また与えられた仕事以外にも仕事に取り組んでいる。	職場の人と関わり、また与えられた仕事に取り組んでいる。	職場の人と関わったり、あるいは与えられた仕事を最後まで取り組まない。
	思考・判断①	自分の仕事ぶりについて自己評価することができる。	体験評定カード	観点について自己評価し、また感想とともに体験場所についての反省点も書かれている。	観点について自己評価し、また感想も書いている。	観点について自己評価しているが、感想は書いていない。
	技能・表現②	あいさつ・返事・言葉づかい、職場の人とのコミュニケーションをとることができる。	仕事通知表	気持ちよいあいさつ・返事、適切な言葉づかいに加え、職場の人と積極的に関わりを持っている。	あいさつ・返事、言葉づかいができ、職場の人との関わりを持っている。	あいさつ・返事、言葉づかいが正しくできず、職場の人との関わりを持っていない。
5 ① 職場体験の実践を通して、学んだことを考えたことを整理しながら、各自でふり返る。	思考・判断②	職場体験を通して、これからの自分の生活の仕方を考える。	振り返りカード4	これからの自分の生活の仕方について3つ以上書いている。	これからの自分の生活の仕方について2つ書いている。	これからの自分の生活の仕方について1つ以下書いている。
	知識・理解①	体験したことの「苦労や働くことのすばらしさ」「労働の意義」について理解する。	振り返りカード1・2・3	体験した仕事と関係付けて、3つの観点すべてについて記述している。	体験した仕事と関係付けて、3つの観点のうち、いずれか2つを記述している。	体験した仕事と関係付けて、3つの観点のうち、いずれか1つ以内記述している。
5 ② 振り返ったことを発表するために資料にまとめる。	技能・表現①	振り返ったことを資料に整理してまとめることができる。	発表資料	振り返った内容を3つの観点すべてを使って資料にまとめている。	振り返った内容を3つの観点のうち、いずれか2つを使って資料にまとめている。	振り返った内容を3つの観点のうち、1つ以内を使って資料にまとめている。
6 各自の職場体験を発表し、情報交換や意見交換を行う。	思考・判断②	友達の発表の自分自身やこれからの自分の生活について考えることができる。	感想カード1	友達の発表や意見から、「今後の自分の生活」の両面を見直し、付け加えている。	友達の発表や意見から、「今後の自分の生活」についての見直し、付け加えている。	友達の発表や意見を聞いての感想だけを書いている。
	技能・表現①	自分の振り返ったことを分かりやすく発表することができる。	発表している場面の観察	資料にないことも付け加えながら、発表している。	資料を生かしながら振り返り内容を発表している。	資料を生かした発表をしていない。
	知識・理解①	働くことの「苦労やすばらしさ」「意義」を理解する。	感想カード2	3つのポイントがすべて自分の職業にあてはまることを書いている。	3つのポイントのうち、いずれか1～2がすべて自分の職業にあてはまることを書いている。	感想しか書いていない。

（国立教育政策研究所『総合的な学習の時間の授業と評価の工夫（第一次報告書）』平成15年3月, pp.315-319）

第2項　指導と評価の一体化に向けた評価の工夫

問題解決評価モデルの創造

まず，筆者らは，指導と評価の一体化を求め，以下のような"問題解決評価モデル"を作った。

問題解決評価モデル

学習活動	教師の支援	評　　価
○問題的場面	○プランによる指導 ●活動と成果の読み取り ○プランの継続／改善による指導	関心・意欲・態度 思考・判断 技能・表現 知識・理解
○問題の形成	●活動と成果の読み取り ○プランの継続／改善による指導	関心・意欲・態度 思考・判断
○解決策の形成	●活動と成果の読み取り ○プランの継続／改善による指導	関心・意欲・態度 思考・判断
○解決策の遂行	●活動と成果の読み取り ○プランの継続／改善による指導	技能・表現 知識・理解
○問題解決のまとめ	●活動と成果の読み取り ○プランの継続／改善による指導	関心・意欲・態度 思考・判断
○問題解決の発表	●活動と成果の読み取り ○プランの継続／改善による指導	技能・表現 知識・理解
○問題解決の終了	●アンケート等の読み取り ○次時の指導	関心・意欲・態度 思考・判断 技能・表現 知識・理解

すなわち，指導と評価の一体化に向けた評価は，①授業の最初から最後まで営まれる活動であり，②その活動は，教師が予め作成した単元指導計画に基づいて行われる（図中の「○プランによる指導」）→そのもとで，児童生徒は学習活動を営む（例えば，図中の「○問題的場面」）→活動の成果を一定の資料によりAか，Bか，Cかの3段階絶対評価をする（図中「●活動と

成果の読みとり」なお，評価の観点は「関心・意欲・態度」「思考・判断」「技能・表現」「知識・理解」）→③そして，その評価結果を基に，自己の指導計画通り授業を継続するか，あるいは改善を加えて指導するかを判断し，その後の指導に臨む（図中「○プランの継続／改善による指導」）→……，といった一連の活動の連続的サイクルより成立することになる，としたのである。すなわち，1単位時間の指導中，いわゆる事前（Plan）−事中（Do）−事後（See）といったサイクルがそれこそ何回となく営まれていると考えたのである。

指導と評価の一体化に向けた授業と評価の実践

単元「職場体験をしよう」（全31時間，岡山県寄島町立寄島小学校第6学年）

ここでは，本単元の「学習活動3　職場体験をする場所を決める」場面（8時間）を取り上げ，指導と評価の一体化作業の跡を紹介する。

（3）　学習活動3　職場体験をする場所を決める。
① 指導・学習の過程
　職場調べをしたり，先輩の話を聞いたりして，いよいよ自分達の体験場所を考える時が来た。相手に断られる場合を考えて，子どもの同意も得て第3希望まで書かせた。もし，第3希望の職場になっても意欲をもって体験できるように投げかけて，第3希望まで真剣に考えるよう仕向けた。今までの学習活動から，自分の長所・短所と進路を結びつけて考えてきたので，ほとんどの子どもが第3希望までの職場を理由付けて選ぶことができた。
② 評価結果
　第3希望までの職場を考えて選んだ理由を教師と対話しながら評価した結果は次のようになった。

評価の観点	学習活動における具体的な評価規準	評価基準		
		A(3)	B(2)	C(1)
思考・判断①	体験場所を理由をつけて第3希望まで考えることができる。	19人	38人	2人

③　指導の改善と実施
　第3希望までの職場選びは，ほとんどの子どもはできたが，3つ選ぶというこ

とに戸惑っている子には電話帳や，昨年度の6年生が職場体験をした写真集などを参考にするように助言した。

　教師との対話ではほとんどの子どもが選んだ理由をたくさん話していた（57人）が，理由が1つしか言えない子ども（2人）に対しては，教師が問いかけをして気付くような支援をした。その後，希望する職場の承諾をいただくための交渉準備として，電話のかけ方を考えることから取りかかった。まず，交渉に必要な事柄を考えてわくわくノートにその手順を考えていった。交渉の時に気をつけることや，考えておかなければならないことなど，じっくり考えることができるように十分な時間を取り，助言コーナーも設けておいた。

交渉のために必要な事柄をまとめたノート（活動3－②の評価資料）

④　評価結果

　交渉に必要な事柄としてみんな書けたか否かを，子どもたちが書いたわくわくノートから評価した結果，次のようになった。

評価の観点	学習活動における具体的な評価規準	評価基準		
		A（3）	B（2）	C（1）
技能・表現①	交渉のために必要な事柄（目的，期日，時間，仕事内容）をノートに書くことができる。	33人	23人	3人

　結果から分かるように，計56人がB以上であった。子どもたちが交渉のために必要な項目をよくまとめたことがうかがえる。なお，Cの3人の子どもであるが，次の練習の場面で個別に対応することにした。

⑤　指導の改善と実施

第6章 これからの評価に向けて

　大体ノートに書き終わったころから，友達同士で練習をしていった。友達の交渉内容を聞いて，友達のよいところや，自分の不十分さに気付いたり，お互いに批評し合ったりして修正していき，ますます内容豊かになっていった。
　机間相談をしながら，交渉のために必要な事項がそろってない子どもや，話し方について修正が必要と思われる子どもには，教師が練習相手になって，不備な項目を逆に質問することによって気付くようにした。4時間もの練習成果があってほとんど全員の子どもが自信をもって交渉に臨めた。自分の電話交渉で決まるという自覚がひしひしと伝わり，体験に対する意気込みが感じられた。
⑥　評価結果
　友達同士で交渉の練習をしている様子を観察した結果，次のようであった。

評価の観点	学習活動における具体的な評価規準	評価基準		
		A（3）	B（2）	C（1）
技能・表現②	友達同士の交渉の練習から，内容面や話し方を修正することができる。	32人	24人	3人

⑦　指導の改善と実施
　いよいよ職員室で交渉開始。各事業所には，前もって教師の方から電話の交渉をしていたが，子どもには，そのことは知らせてないので，真剣そのものであった。
　なお，承諾していただけなかった事業所にも，子どもには知らせず，事業主の方には，はっきり理由をつけて断っていただくようお願いしていた。断られるのも貴重な体験として取り入れていった。断られた子どもたちは，次の事業所では，さらに念を入れて交渉しており，真剣さが感じられた。

　電話交渉は，相手方の承諾を得て電話をスピーカーに設定し，相手の声が聞こえるようにしていた。同じ職場を複数で体験するグループは代表児童が電話をすることにした。他の子どもはスピーカーで聞こえる電話のやり取りを聞いているので，同じ緊張感を感じていた。子どもたちは何回も練習をしてきた成果があって，運よくすぐにOKがもらえた子，断られた子などと，

電話での交渉の様子

職員室は悲喜こもごもであったが，第2・第3希望まで粘り強く交渉していた。

⑧ 評価結果
　電話で交渉している場面を観察した結果，次のようになった。

評価の観点	学習活動における具体的な評価規準	評価基準		
		A（3）	B（2）	C（1）
技能・表現②	交渉の中から，職場体験に必要なこと（集合場所，集合時刻，服装，持参物）を聞くことができる。	59人	0人	0人

表から分かるように，59人全員が体験場所を決定することができた。

（国立教育政策研究所『総合的な学習の時間の授業と評価の工夫（第一次報告書）』平成15年3月，pp.323-326）

　上記は，前時までの指導を受け，いよいよ職場体験をする場所を決める活動である。ここでの〈①指導・学習の過程〉をみると，前時までの自分の長所・短所と進路を結びつけて考える学習の成果を踏まえ，予定通り指導を展開した。その途中の「対話」を通した結果，ほとんどの子どもが第3希望までの職場をその選んだ理由を付けて選んだ様子が報告されている。すなわち，三つまでの体験場所を理由をつけて選んだ子どもが19人，二つまでが38人，一つしか選べなかった子どもが2人いたことが〈②評価結果〉に記述されている。

　このような結果を踏まえ，〈③指導の改善と実施〉では，二つないし一つしかその理由を考えることができなかった子どもには電話帳や，昨年度の6年生の職場体験時の写真などを参考に考えるように支援し，とりわけ一つしか理由がいえなかった2人の子どもには教師が直接に個別的指導を行っている。そして，指導の結果〈④評価結果〉，ほとんどの子が第3希望までの職場，選んだ理由とともに決めることができた。

　その後，〈⑤指導の改善と実施〉では希望する職場の承諾を得るための交渉の準備活動に入り，まず電話のかけ方を考えるために，交渉時に気をつけることや考えていく必要な事柄をあらかじめ考える時間を十分に取ったことが報告されている。

　その後，〈⑦指導の改善と実施〉にあるように，友達同士で交渉の練習や

相互批評を踏まえ，よい点や不十分な点を補ったりした後，いよいよ職員室で交渉が開始された。しかも，その際には，スピーカーを設置し，同じ職場体験する子どもや他の職場体験を予定する子どもに相手方との交渉の様子が聞けるように配慮したことが記されている。そして，その結果，第1希望のままでOKになった子，第2希望，さらには第3希望の職場まで交渉する必要のあった子などいろいろなケースがあったが，〈⑧評価結果〉のように，予定通り59人全員が職場体験の場所を決定することができたことが報告されている。

第3項　子どもの自己評価力の向上に向けた評価の工夫

自己評価モデルの創造

　子どもの自己評価力の形成とは，子どもが自己の学習の目標（めあて）を決め→その計画を立て→その計画に沿って自己追究し，その過程や結果を学習目標に照らして評価し→やがて解決に至るという自己評価力（＝自己学習力）を身につけることが大切であるという基本にたち，具体的には，次の二つの工夫を行うことにした。

　一つは，教師の主導のもとで，子ども自身が自己の学習およびその結果の評価を行うというケースである。今ひとつは，例えば中間発表会を経て→最終発表会に向けた取り組み活動を展開し→最終発表会に臨むというような学習機会をとらえ，子どもに自己の目標→計画（評価規準や評価基準の設定）→追究→振り返りを行うといった工夫である。

　そして，第一のレベルの工夫のためには，①子どもに自己評価を求める場合（例えば，今日の勉強は楽しかったか，最後までがんばったか等に関して，「はい－ややはい－ややいいえ－いいえ」の回答を求める場合），単に子どもに選ばせるのみではなく，教師がどうあれば「はい」で，「ややはい」であり，「ややいいえ」「いいえ」とするかを予め説明し，子どもに自己評価を求めるというような工夫，②学習カードや制作物にコメントしたり，アンダーラインを引いたりする場合，教師の意図が子どもに分かるような工夫をする（例えばコメントした際に，その評価規準や評価基準が分かるように，

何色だったら関心・意欲・態度だとか，思考・判断であるとかとする），③学習カード等への記述を求める際，指導に先立って，その学習カード等を提示したり，その評価規準や評価基準を説明するような工夫，④学習の過程や結果に関する資料・情報を収めているポートフォリオを，単元の終了時，あるいはその過程において子どもと教師が振り返ったり，あるいは子どもにポートフォリオを家庭に持ち帰らせ，保護者に提示し，保護者からコメントをいただいたりしながら次時の学習に活用するといった工夫を考えた。

次に，第二レベルの工夫として，筆者らが重視したのは，子どもが自己の学習の目標（めあて）・評価規準を決め，さらには評価基準を設定し→そして，子どもは活動を展開し→その跡を振り返る（自己評価する）といった評価活動ができることであった。このために，既述のような学習機会を重視した。なお，その際，学習活動の前後において，共通の評価資料（学習カード等）を活用するといった工夫も考えることにした。

また，第一レベル，第二レベルの工夫を問わず，いずれのケースの評価活動においても，実施したそれぞれの評価の工夫について子どもからの感想や意見を求めることにした。子どもから，テスト時代にはない評価に関する貴重な意見を聞くことができると考えたからである。

子どもの自己評価力の向上に向けた評価の実践
○第一レベルの工夫の実践事例
事例：生活科

> 単元「みんなであきみつけをして『一年生のあきのぼうけん』はっぴょうかいをひらこう」（全32時間，広島県福山市立光小学校第1学年）

本単元では，自己学習力の向上に向け，次のような第一レベルの評価の工夫を行い，その効果をあげている。

2-2 自己学習力の向上に向けた評価の工夫

(1) 自己評価の工夫と感想

一年生の発達段階を考えて，自己評価をする際には，一斉で，説明を加えながら行った。例えば，ふりかえりカード2-②「お客さんのことをかんがえましたか」の項目を挙げてみる。

「おきゃくさんのために，声の大きさと体の向き，2つとも気をつけた人は，よくできたに○」
「おきゃくさんのために，声の大きさか体の向き，どちらか1つに気をつけた人は，できたに○」
「おきゃくさんのために，どちらも気をつけられなかった人は，もうひといきに○」

上に記したように，一つひとつの項目を一斉で説明しながら，自己評価を行った。

その結果，子どもたちは，スムーズに自己評価をすることができ，次の時間にどこを直していけばよいかに気づくことができた。

子どもの感想より

> わたしは，人ぎょうげきグループで，きょうやってみて，おきゃくさんには，どの人ぎょうがしゃべっているかわからなかったとおもう。はっぴょうかいのときは，人ぎょうをうごかしたら，どの人ぎょうがしゃべっているかわかってもらえるとおもう。

(2) 評価資料への教師のコメント，アンダーライン等の工夫と感想

①評価資料に教師がコメントを入れる際には，次の活動の中で，子どもの思考がより具体的に，より深まることをねらった。そして，子どもに対して，投げかけるような記述を心がけた。

例えば，ふりかえりカード1「あきらしさをあらわすために。どんなことをしましたか」の項目を挙げてみる。

「大きな木がでてきます。」と書いたことへのコメントとして，「秋になると，大きな木はどんな木になるのかを考えてみよう。」と記した。

②子どもの思考の理由づけを支援するようにした。具体的に活動したことについて，理由づけが難しいときには，コメントで押さえるように心がけた。

例えば，ふりかえりカード1「あきらしさをあらわすために，どんなことをしましたか」の項目を挙げてみる。

「森のきりかぶをつかいます。」と書いたことへのコメントとして，「あきらしいきょくだから，えらんだのですね。」と記した。

「表現に，森の中のきつねとくまとたぬきとりすがでてきます。」と書いた子へのコメントとして，「動物たちが秋になると，森の中で，どうしているかをあらわしたいからなんですね。」と記した。

③評価資料にアンダーラインを入れる際には，本時の活動のよさに気付き，次の活動への意欲につなぐこと，そして，次の活動で意識すべきことに気づかせること，この2つをねらった。この2つについては，児童にも知らせ，線種を使い分けた。活動の中で，がんばりやよさについては，<u>波線</u>次の活動で意識してほしいことには，<u>実線</u>を記した。

その結果，子どもたちに学習カードやふりかえりカードを返すと，じっくりコメントを読む子や確認に来る子や波線をめざして活動しようとする子がでてきた。教師の評価が指導として，浸透し始めたことを感じた。

子どものつぶやきより

> 「やったあ，波線　が，いっぱいある。」
> 「先生，なんで☆が2つなんですか。」
> 「こんどのとき，実線　をきをつけたら，いいんですね。」

（3）活動に取り組む前に，予め評価資料・カード等とその評価基準を開示する。そして，その感想。

まとめの活動（「一年生秋のぼうけん発表会」）では，授業の始めにふりかえりカードを配布した。そして，本時では何に注意するのかを，明らかにした。ふりかえりカードを提示しながら，評価基準を知らせ，基準3をめざして，発表をスタートした。

その結果，ミニ発表会と本時の発表会を比べると，本時は基準3に到達した子どもが倍以上となった。（学習活動　追求とまとめの評価結果を参照）このことから，評価基準を知らせることで，子どものめあてがよりはっきりするということが分かる。

子どもの感想より

> きょうは，おきゃくさんのことを，いっしょうけんめいかんがえました。
> 大きなこえで，がんばった。はずかしがらないで，ちゃんとまえをむいた。セリフは，ちゃんとゆっくりいった。

（研究代表者・高浦勝義『ポートフォリオ評価を活用した指導の改善，自己学習力の向上及び外部への説明責任に向けた評価の工夫（第一次報告書）』pp.46-48）

すなわち，この事例では，①ふりかえりカード2－②「お客さんのことをかんがえましたか」の評価規準に対して，「よくできた－できた－もうひと

第6章　これからの評価に向けて

いき」の3段階尺度で設けた評価基準に子どもが自己評価する際，それぞれの尺度について教師が説明を加えながら自己評価させた工夫，②ふりかえりカード1「あきらしさをあらわすために，どんなことをしましたか」に記述した子どもへのコメントをしたり，アンダーラインを入れたりしながら評価規準と評価基準に気付かせていこうとした工夫，③あらかじめ評価資料・カード等とその評価規準及び評価基準を開示してから指導に臨むという工夫，及びそれぞれの工夫の効果の上がったことが子どもの声（感想）を交えながら紹介されている。

○第二レベルの工夫の実践事例
事例：生活科

> 単元「みんなであきみつけをして『一年生のあきのぼうけん』はっぴょうかいをひらこう」（全32時間，広島県福山市立光小学校第1学年）

　本単元では，自己学習力の向上に向け，次のような第二レベルの評価の工夫をしたことが報告されている。

> （5）中間発表会と本発表会との間で，児童のめあての決定→活動→振り返り評価
> 　中間発表会の前に，学年集会を開き，発表の観点を子どもと一緒に決めて，活動を始めた。
> ☆中間発表会終了後の子どもの感想より
>> ぼくは，ミニはっぴょうかいのとき，じかんのことをかんがえませんでした。はじめのあいさつのとき，じかんがかかりすぎでした。わけは，はずかしかったからです。
>
> 　そこで，本発表の活動に入る際，自分なりのめあてを設けるように指導すると，
>
> 　　　⬇
>
> ☆次時のめあてを
> 「じかんを見てこうどうする。」と決定した。

181

☆本発表会を観察する中では，はずかしさは残っているようだったが，お客さんの前に早く立って，あいさつをし，発表へスムーズに入っていった。

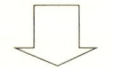

⬇

☆本発表会終了後の振り返り評価と子どもの感想
　ふりかえりカード３－②「じかんをかんがえましたか」の項目を見てみると，よくできたに○がついている。そして，その後の感想

> ぼくは，あきのぼうけんはっぴょうかいのとき，じかんをみてさっさとこうどうしました。あいさつもはずかしがらずに，さっさといいました。ゆうすけくんが，ぼくに，「大きな声になったね。」といってくれたのが，うれしかったです。

　中間発表会では，「じかんをかんがえましたか」の項目を見てみると，もう少しに○がついていた。しかし，それをめあてとして意識して活動した結果，本発表会では，同じ項目には，よくできたに○がついていた。
　３つの観点の中から，自分に足りなかった点を見つけ出し，そして，その点を意識して活動し，克服することができた。自己学習力が高まった例と考える。

(研究代表者・高浦勝義『ポートフォリオ評価を活用した指導の改善，自己学習力の向上及び外部への説明責任に向けた評価の工夫（第一次報告書）』pp.48-49)

　ここでは，「一年生のあきのぼうけん」で使うものを作り→中間発表会をするときにあらかじめ発表の観点（めあて）を決め→発表会に臨む。→そして，中間発表会の終了後，改めて改善点（めあて）を設け→準備を行い→発表会に臨む。→そして，本発表会終了後，活動の跡を自己評価するという工夫がみられる。めあて→活動→振り返り（＝自己評価）というサイクルを２回繰り返しているのである。
　そして，その効果のあがったことが子どもの感想を交え報告されている。

第４項　保護者等外部の人々の説明責任に向けた評価の工夫

　筆者らは，どの学校・教師にも，ある一つの単元における授業と評価をお願いしたが，一つ一つの単元の総括的評価結果を残しておくことにもした。しかも，その作業においては，以下に述べるような，単元における総括的評

第6章　これからの評価に向けて

価と個人内評価をすることにした。

単元における総括的評価及び個人内評価の工夫

すなわち，①各単元ごとの観点別の総括的評価結果を残しておくこと，②総括的評価を行う際，まず，どの学習活動場面の評価規準の評価結果に基づくのかを決めること。つまり，各評価規準ごとに評価するわけであるが，そのすべての評価結果の総和とするか，あるいはある一部特定場面の評価結果とするかを決めておくこと，③総合的な学習の時間に関するように，たとえ文章記述をするにせよ，評価結果の3段階絶対評価のためのルーブリックを作成し，「十分に満足できると判断されるもの」にはA（3点），「おおむね満足できると判断されるもの」にはB（2点），「努力を要すると判断されるもの」にはC（1点）を付与すること，④「個人評価結果表」を作成し（後述の「総括的評価及び個人内評価の実践」に関連して示される「表」を参照のこと），学習活動の展開に沿って評価される各4観点別の評価規準の達成状況をA（3），B（2），C（1）として記録すること，⑤評価の4観点はどの単元においても等価値なものとして扱うこと，である。

さらに，個人内評価に向けては，「個人評価結果表」を活用しながら，①観点間経時的評価（いうなれば，評価の4観点相互の発達的特質及びその推移をみる評価），②観点内経時的評価（評価の4観点それぞれごとの発達的特質及びその推移をみる評価）を行うことにした。

総括的評価及び個人内評価の実践

(1)　単元の総括的評価結果

単元「ふるさとから学ぶ食のアイディア　プラスワン」（全60時間，愛知県幡豆郡一色町立一色西部小学校第6学年）における観点別の総括的評価結果は，「関心・意欲・態度」については，学習活動1－①，学習活動2－①，学習活動3－①，②，学習活動4－①の総和で，「思考・判断」については，学習活動1－①，②，学習活動3－①（2項目），②，学習活動4－③の評価結果の総和で，「技能・表現」については，学習活動1－①，②，学習活動2－①，学習活動4－①，②の評価結果の総和で，「知識・理解」については，学習活動1－②，学習活動2－②，学習活動3－③，学習活動4－③

の評価結果の総和で行うこととした。
　その結果，以下の通りである。
　①「関心・意欲・態度」について
　単元における個人ごとの総括的評価結果（＝評定）を基にみると，Aが33人，Bが6人，Cが0人であった。B以上は合計39人となる。このため，クラス全体としては，100％が目標を達成したと考えられる。すなわち，「①ふるさとの食材やふるさと料理に関心をもち，進んで調べたり，作ったりしようとする。」「②オリジナルふるさと料理を考え，家庭や地域に広めようとする。」という2つの評価規準は，その目標が実現されたと判断できる。
　②「思考・判断」について
　単元における個人ごとの総括的評価結果（＝評定）を基にみると，Aが37人，Bが1人，Cが1人であった。B以上は合計38人となる。このため，クラス全体としては，97.4％が目標を達成したと考えられる。すなわち，「①ふるさとの食材に目を向け，自らの課題を作り追究する方法を考えることができる。」「②見学や聞き取り，資料で調べたことのなかから，ふるさとの食材やふるさとの料理のよさ，栄養などについて追究し，自分なりの考えをもつことができる。」「③ふるさと料理のよさや栄養をもとに，自分の食生活を見直すことができる。」という3つの評価規準は，この目標が実現されたと判断できる。
　③「技能・表現」について
　単元における個人ごとの総括的評価結果（＝評定）を基にみると，Aが37人，Bが1人，Cが1人であった。B以上は合計38人となる。このため，クラス全体としては，97.4％が目標を達成したと考えられる。すなわち，「①ふるさとの食材やふるさと料理について，調べたことをわかりやすくまとめることができる。」「②ふるさと料理のよさやオリジナルふるさと料理の工夫をわかりやすく伝えることができる。」という2つの評価規準は，その目標が実現されたと判断できる。
　④「知識・理解」について
　単元における個人ごとの総括的評価結果（＝評定）を基にみると，Aが29

第6章　これからの評価に向けて

人，Ｂが8人，Ｃが2人であった。Ｂ以上は合計37人となる。このため，クラス全体としては，94.8％が目標を達成したと考えられる。すなわち，「①ふるさとの食材の栄養や利用の仕方，調理法がわかる。」「②ふるさとの食材やふるさと料理のよさを自分たちの生活に生かすことの大切さを理解する。」という2つの評価規準は，その目標が実現されたと判断できる。

(2)　単元における個人内評価結果

次に，Ａ児，Ｂ児の2名を事例にしながら，個人内評価の特質について検討することにする。そのために，まず2人の児童の〈個人内評価結果〉を示すと，次のようである。

個人内評価結果

		学習活動1		学習活動2		学習活動3			学習活動4			評定
		①	②	①	②	①	②	③	①	②	③	
Ａ児	意欲関心態度	<u>3</u>			<u>2</u>	<u>3</u>		<u>3</u>	<u>3</u>			A
	思考・判断		<u>3</u>		<u>3</u>		<u>3</u>	2	<u>3</u>		<u>3</u>		A
	技能・表現		3	3		2				3	<u>2</u>		A
	知識・理解			1		<u>2</u>			<u>3</u>			<u>3</u>	B
Ｂ児	意欲関心態度	<u>3</u>			<u>3</u>	<u>3</u>		<u>3</u>	<u>3</u>			A
	思考・判断		<u>3</u>		<u>3</u>		<u>3</u>	2	<u>3</u>		<u>3</u>		A
	技能・表現		3	3		<u>3</u>				<u>3</u>	<u>3</u>		A
	知識・理解			<u>3</u>		<u>2</u>			<u>3</u>			<u>3</u>	A

（注）総括的評価（評定）に用いた調査結果には下線を付した。評定は，総括的評価結果に基づき，Ａは80％以上相当，Ｂは60～79％相当，Ｃは59％以下相当の達成状況を示している。

①　観点間経時的評価

Ａ児は，学習活動1において，「関心・意欲・態度」「思考・判断」「技能・表現」はともに3という高い水準にあるが，「知識・理解」は1という低い水準の構造的な発達特質にある。学習活動2になると，「関心・意欲・態度」「技能・表現」「知識・理解」ともに2であるが，学習活動3になると，「関心・意欲・態度」「思考・判断」「知識・理解」ともに3という高い水準の構造的な発達特質を示している。学習活動4では，「関心・意欲・態度」「思考・判断」「知識・理解」ともに3を維持するものの，「技能・表現」は3か

ら2へとやや低下するという構造的な特質がみられる。評定は，A・A・A・Bであった。

なお，A児と同様な構造的な特質を示す児童は，他にクラスに3人いた。

B児は，学習活動1において，「関心・意欲・態度」「思考・判断」「技能・表現」「知識・理解」はともに3という高い水準の構造的な発達特質にある。学習活動2になると，「関心・意欲・態度」「技能・表現」はともに3を維持するが，「知識・理解」は2へと下降する。しかし，学習活動3になると，「関心・意欲・態度」「思考・判断」「知識・理解」ともにほぼ3という高い水準の構造的な発達特質を示している。また，学習活動4では，「関心・意欲・態度」「思考・判断」「技能・表現」「知識・理解」ともに3という高い水準を維持するという構造的な発達特質がみられる。評定は4観点ともにAである。

なお，B児と同様な構造的な発達特質を示す児童は，他にクラスに7人いた。

② 観点内経時的評価

A児の「関心・意欲・態度」は，3→2→3→3→3というように，学習活動全般を通してほぼ3という高い水準のまま推移しており，評定はAであった。「思考・判断」も，3→3→3→2→3→3というように，ほぼ3の水準を維持しながら推移しており，評定はAであった。「技能・表現」は，3→3→2→3→2というように，やや下降気味の傾向が気になるが，評定はAであった。「知識・理解」は，1→2→3→3というように尻上がりに上昇し，3のまま学習を終了している。評定はBであったが，いろいろな問題を解決していくなかで，食についての知識を獲得するとともに，食に関する自分なりの考えが生まれてきたことがわかる。

なお，A児と同様の発達傾向を示す児童は，他にクラスに6人いた。

B児は，「関心・意欲・態度」「技能・表現」はともに3→3→3→3→3というように，ともに全学習過程全般を通して3という高い水準を維持したまま推移しており，評定は，ともにAであった。また，「思考・表現」は3→3→3→2→3→3，「知識・理解」は3→2→3→3というように，と

もにほぼ3の高い水準のまま推移している。評定はともにAであった。

　なお，B児と同様な発達傾向を示す児童は，他にクラスに3人いた。

(国立教育政策研究所『総合的な学習の時間の授業と評価の工夫（第三次最終報告書）』平成17（2005）年3月）

著者紹介

高浦勝義

九州大学大学院博士課程修了。
現在：明星大学教育学部教授，博士（教育学）。
1984年，日本デューイ学会研究奨励賞受賞。
著書：『生活科の考え方・進め方』黎明書房，1989年
　　　『生活科における評価の考え方・進め方』黎明書房，1991年
　　　『総合学習の理論』（編著）黎明書房，1997年
　　　『総合学習の理論・実践・評価』黎明書房，1998年
　　　『ポートフォリオ評価法入門』明治図書，2000年
　　　『学力低下論批判』（共編著）黎明書房，2001年
　　　『絶対評価とルーブリックの理論と実際』黎明書房，2004年
　　　『平成20年学習指導要領対応　生活科の理論』（共著）黎明書房，2009年
　　　『平成20年学習指導要領対応　生活科の授業づくりと評価』（共著）黎明書房，2009年
　　　『デューイの実験学校カリキュラムの研究』黎明書房，2009年，他多数。

指導要録のあゆみと教育評価
（しどうようろく　　　　　　きょういくひょうか）

2011年3月15日　初版発行

著　者　高浦勝義（たかうら　かつよし）
発行者　武馬久仁裕
印　刷　株式会社渋谷文泉閣
製　本　株式会社渋谷文泉閣

発　行　所　　株式会社　黎明書房（れいめいしょぼう）

〒460-0002　名古屋市中区丸の内3-6-27　EBSビル
☎052-962-3045　FAX052-951-9065　振替・00880-1-59001
〒101-0051　東京連絡所・千代田区神田神保町1-32-2
南部ビル302号　☎03-3268-3470

落丁本・乱丁本はお取替します。　　　　ISBN978-4-654-01852-9
ⒸK. Takaura, 2011, Printed in Japan